WEDEL · LEINENZWANG FÜR SCHWABEN

MATHIAS WEDEL

LEINENZWANG FÜR SCHWABEN

EULENSPIEGEL VERLAG

ISBN 3-359-00999-1

1. Auflage
© 2000 Eulenspiegel · Das Neue Berlin
Verlagsgesellschaft mbH & Co. KG
Rosa-Luxemburg-Str. 39, 10178 Berlin
»Es blinkt ein einsam Seggel« wurde erstmals veröffentlicht
in »Das große Rhabarbern«, Edition TIAMAT, 1996
Umschlagentwurf: Ulrike Haseloff
Druck und Bindung: Wiener Verlag, Himberg

LIEBER LESER,

jetzt, da du dieses Buch in Händen hältst, wirst du fragen, warum es so und nicht anders heißt. Vielleicht hoffst du, der Titel werde sich dir bei intensiver Lektüre erschließen. Das wird er mitnichten! Aber ich erkläre ihn dir: In mir hat sukzessive ein Widerwille gegen die antiwestliche Attitüde (nicht ALDI-Tüte, ungebildeter Leser!) Platz gegriffen. Ich habe ein gut Dutzend ausgesprochen anstelliger, sauberer und bescheiden-humorvoller Westler – auch in der sehr besonderen politischen Einheit Westberlin – kennen gelernt. Wenn es sich als unvermeidlich erweist, begegnen wir einander im Geiste gegenseitiger Achtung und auf der Basis der Unverletzlichkeit der jeweiligen Grenzen. Außerdem zahlt das Bier meistens der Wessi, weil er was gutzumachen hat. Schwabenmäßig ist das jedoch grundsätzlich gegensätzlich.

Ich möchte den Schwaben an dieser Stelle nicht charakterisieren, um nicht den tänzelnden Stil dieses kleinen Geleitwortes zu verderben. Schon gar nicht möchte ich ihm zu nahe treten! Aber eins ist klar: Ohne den Schwaben wäre – denken wir nur an das dunkelste Kapitel! – manches anders gelaufen.

Deshalb ist dieses Buch ein einziger Aufschrei von vorne bis hinten! Und ich bin des gewiss: Er wird – im Konzert mit anderen Aufschreien – gehört und verstanden werden.

Mathias Wedel
Priština im Herbst 2000

WENN WICKERT STIRBT

Samstagabend auf dem Gendarmenmarkt fährt mir ein Gedanke durch Mark und Bein: Was ist – Gott verhüt's –, wenn Wickert stirbt? Wenn Wickert stirbt, hätten die Tagesthemen immerhin ein Thema. Sie wären Erstinformand, das stünde ihnen einfach zu. Sie müssten nicht nach Warnemünde schalten, um die Sendezeit kostengünstig rumzukriegen, sondern könnten eine Montage mit Ullis Kinderfotos bringen. Die Bauer könnte das große Schwarze auftragen, das für Politiker-Attentate und Flugzeugabstürze vorgesehen ist.

Als Wickerts Vorgänger in der Gilde der Zwischentext-Sprecher, ein gewisser »Hajo« Friedrichs, ein silberfarbener Schwadroneur, von hinnen zog, hagelte es Nekrologe. Die hiesigen Eliten verfielen in Trauerstarre, und jeder, der in diesem Zirkus, den sie »Öffentlichkeit« nennen, einen Pup zu lassen hat, weinte seinen Anteil in die Kamera. Dieser Friedrichs kam gleich nach Goethe und Adenauer und liebte seinen Hund. Er verkörperte deutsche Zuverlässigkeit, Schönheit und Zeilentreue. Er war die absolut sendefähige und schon ziemlich absolute Wahrheit. Er starb auf Sylt und da stirbt nicht jeder. Sein Vermächtnis an die nachgeborenen Journalistengenerationen ist, wie Wickert damals mit schmerzbelegter Stimme verkündete, »dass zwischen den Nachrichten und dem Wetter noch irgendwas kommen muss« – z.B. eine Wickertsche Neckischkeit nebst Augenaufschlag. Wer den kann, hat das Zeug, den »HaJo-Friedrichs-Gedächtnis-Preis« zu gewinnen, der jährlich an einen Schleimer aus der Branche geht.

Wenn Wickert stirbt, hat die Republik ihren Grinser vom

Dienst verloren. An diesem Abend auf dem Gendarmenmarkt, vor einem ARD-Ballon, der natürlich nicht losging, konnten etwa ein Dutzend Berliner studieren, wie auf Regiekommando in die missmutige Larve eines magenkranken alten Mannes, der im Geiste (wenn das Wort nicht zu hoch gegriffen wäre) seine Konten durchgeht, ein spitzbübisch-süßes »Guten Abend Deutschland«-Lächeln gehisst wird. Die Tagesthemen füllen die an Tagesthemen nun noch ärmere Sommerzeit, indem sie Ostler vors Loch schieben. Ostler sind nämlich nicht nur gut als Bananenverzehrer und Gebrauchtautokäufer – sie liefern, wenn man sie richtig anpackt, auch jede Menge Tagesthemen. Sie geben prima Arbeitslose und Kriminelle, aber auch tapfer kämpfende Kleinunternehmer, närrisch von der Freiheit euphorisierte Jugendliche und eisern aufschwungoptimistische Hausfrauen ab. Sie sind immer noch irgendwie besonders. Zum Beispiel haben sie einen anderen Humor als normale Deutsche, wie Herr Wickert verbindlich festlegte, und wer, wenn nicht dieser Humorbolzen ist da kompetent.

Wenn Wickert stirbt, wird aber nicht nur ein humorvoller, schöner, brillanter Mensch uns verlassen, sondern vor allem ein tugendhafter. Wie er da schief im Abendlichte steht und dem Teleprompter hinterherschwadroniert, mag der gebannte Zuschauer für einen Moment vergessen, welch einen Ausbund an Gemeinsinn er vor sich hat. Mit seinem Schaffen hat uns Wickert u.a. den Gedanken des allgemeinen Arbeitsdienstes wieder näher gebracht und viele Belege dafür herangeschleppt, dass Hegel, Beethoven, Hinz und Kunz (von Hitler mal ganz abgesehen) schon immer genauso dachten, wie Wickert moderiert, es aber nicht zu sagen wagten. Irgendwie, vermutet man, liebt Herr Wickert deshalb den Osten: Hier sind wir der Zwangsrekrutierung müßiggängerischer Sozialhilfeempfänger schon ein wenig näher gekommen. Wenn Wickert stirbt, wird keiner mehr sagen, das war einer, der den Rachen nicht voll kriegen konnte. Das ist ja das Schöne am Sterben, dass sich so was dann keiner mehr traut.

Auf dem Gendarmenmarkt haben wir einen großen Deutschen bei der Arbeit erleben dürfen. Stunden vor der Sendung erzählte er dem menschenleeren Platz, welch buchenswerte Leistungen die Tagesthemen für die Klarheit und Reinheit des politischen Denkens in Deutschland beinahe täglich erbringen. Bei all dem ist Wickert bescheiden geblieben. Nur im Team, so versichert er, sei möglich, was ihm scheinbar so mühelos gelinge: Ganze Sätze fließend abzulesen.

Und wir, wir von der Vergangenheit belasteten Ostberliner durften »live dabei sein«, wie Wickert seinen Scherz des Abends produzierte, nach dessen Passage er stets so entspannt wirkt wie ein Kinderschänder nach zwanghaften Handlungen. Natürlich werden wir die Wickertsche Geistreichelei vom 13. Juli in mehreren seiner Bücher nachlesen können. Aber was ist das schon, verglichen mit dem Erlebnis, einen so bedeutenden und noch immer lebenden Publizisten »live« einen Schabernack schnitzen zu sehen! (Die Berliner Polizisten, schelmte Wickert fürs Tagesthemen-Lokalkolorit, hätten vor der Love Parade Laternenpfähle mit Schmierseife eingestrichen, um Kletterer zu hindern. Ist das nicht ulkig? – Nur leider hatte man das schon drei Tage zuvor in der Zeitung gelesen.)

Wenn Wickert stirbt, werde ich mich dieses lieblichen

Sommerabends erinnern, bei dem die Claqueure aus dem »ARD-Team« für ihren Ulli alle Hände voll zu tun hatten. Außerdem werden wir, wenn Wickert stirbt, alle plötzlich sehr viel ärmer sein. Und ein wenig beschämt werden wir sein, dass wir oftmals einer Anstalt die Gebühren neideten, die luzide Gestalten wie diesen U. W. hervorgebracht hat.

JETZT WACHT DIE LINKE AUF

Seit das Feuilleton der Bonner Republik die »Berliner Republik« ausgerufen hatte, lag was in der Luft! Es roch schon leicht brenzlig. Oder nur nach Stinkbombe. Oder wenigstens nach faulen Eiern. Man durfte gespannt sein, wie der Berliner Anarchoszene, gern auch »Chaoten« gerufen, der plötzliche Hautkontakt zu den politischen Repräsentanten des Schweinesystems bekommen würde. Werden in den Kreuzberger Roten Zellen schon die Mollis gestopft? Formieren im Prenzlauer Berg die Entrechteten ihre Zehnergruppen, die sich wehklagend vor dem provisorischen Kanzlerbüro anketten werden, um Haschischkompott in Kindertagesstätten zu fordern? Schärfen die marxistischen Zirkel ihre Systemanalyse, um tief hinein in die Herrschaftsstrukturen zu schneiden? Ja, wo laufen sie denn, die roten Bataillone?

Der Angriff kam diese Woche mit der Dienstpost, chirurgisch präzise mitten hinein ins Rückenmark der »Berliner Republik«. Nein, kein Tomatenattentat auf Doris Schröder-Köpf, keine Entführung Schilys zu drei Stunden Weltmusik im alten Führerbunker oder des Kulturkommissars Naumann zur Schnitzeljagd auf dem Holocaust-Mahnmal-Gelände, keine Attacke mit ALDI-

Rotwein auf Lafontaine. Viel perfider: Der Mob hat sich am Hotel Adlon vergriffen, dort, wo unsere junge Demokratie am glanzvollsten ist, wo sich wilhelminische Tradition und Schröders »neue Mitte« am Frühstücksbüfett die Marmeladentöpfchen reichen, am Pariser Platz, der »juten Stube von Berlin«, wie der Regierende Folklorist Diepgen gerne sagt.

Das Bauamt von Berlin-Mitte (dem sog. Regierungsstadtbezirk!) hat dem Adlon seinen Baldachin verboten! Den Baldachin, der sich spannen sollte vom Rinnstein des Pariser Platzes zehn Meter lang bis zur pagenbepflanzten Pforte der Edelabsteige, auf dass die Herrschaften ihre Häupter trocken in die Suiten und ihren Leibschmuck sicher in die Safes tragen können. Ein leuchtend buntes Dächlein sollte dieser Baldachin sein, ein neckisches Segel im Hauptstadtwind, das von der Lebensfreude kündet, die wir in der »Berliner Republik« neuerdings alle pflegen. Das Verbot allein ist schon infam. Es kränkt unser Schmuckbedürfnis in der Gesellschaft des tollen Diskurses und des totalen Aufbruchs. Doch noch niederträchtiger ist die Begründung: Der Baldachin diene nicht dem deutschen Volke, lediglich ein paar »Privilegierte« könnten die Bedachung genießen. Der Bürgersteig heiße aber Bürgersteig, weil der Bürger darauf steigt. Und außerdem: Der Himmel über Berlin sei auch für alle da und dürfe nicht ohne Not verdunkelt werden.

Nun ist es heraus: Die Umstürzler sitzen bereits in den Ämtern und genießen Besoldungsgruppe II a. Sie haben Stempel, Petschaften, Bürokakteen und Portokassen in ihren Besitz gebracht. Sie telefonieren auf Staatskosten und spucken eklige Wörter in die Harmoniesoße der »Berliner Republik«. Man sieht ihnen den Maoismus nicht mehr an, denn sie tragen Rüschenblusen oder Patentbinder und sind – zumindest die Herren – besser rasiert als Wolfgang Thierse. Sie kratzen am Wertekonsens unseres rot-grünen Gemeinwesens – der permanent guten Laune.

Das Adlon hat umgehend dementieren lassen. Es beherberge keine Schmarotzer und Parvenus, sondern Menschen wie ich und du: gekrönte Häupter – Krone, Lorbeer oder Heiligenschein –, Stars mit ihren Kokainköfferchen, Industriemagnaten mit ihren Sekretärinnen, Scheichs mit ihren Wasserpfeifen, russische Mafiosi mit italienischen Waffen und Ministerpräsidenten mit wichtigen Gesichtern. Leute, die immer fragen, was was kostet, die Handtücher mitgehn lassen und Bierbüchsen im Bidet kühlen – solche Leute allerdings nicht. Was nicht heiße, dass normale Bürger, wenn sie der Übermut packt, auch mal unter dem Adlon-Baldachin entlangtrippeln könnten. Freilich, bei längerem widerrechtlichem Aufenthalt, etwa zum Zwecke des Feilbietens einer Obdachlosenzeitung, werde die Polizei gerufen.

Langsam kriecht die Revolution über den Pariser Platz. Schon führen Bauchladenhändler freche Reden. In der Morgendämmerung des Mittwoch wurde bereits eine erste Barrikade aus vier Bierbüchsen gesichtet und von der Stadtreinigung umgehend eliminiert. Das Adlon-Management hat seine Türsteher angewiesen, äußerst entschlossen zu gucken. Ein Arbeiter- und Soldatenrat bildet sich morgen nach Büroschluss im U-Bahnschacht auf der zweiten Bank von links. Jetzt, wo die halbe Innenstadt an Daimler und Sony verkauft ist, wacht die Linke endlich auf: Kampf den Baldachinen! Vor allem denen mit Fransen und erst recht denen mit Bommeln!

DAS LEBEN KANN SO LEICHT SEIN

... wenn man es mit den Westlern teilen darf. Karl, mein arbeitsloser Nachbar, ist seit Tagen wie verwandelt. Gestern stand der auf dem Treppenabsatz und machte immerzu: »Summ, summ, summ«.

»Tja, mein lieber, der Körper muß schwingen, und zwar aus dem Zentrum heraus«, erklärte er mir und schlug sich auf die Bierwanne, »sonst ist man nur ein traurig taumelndes Äon im Universum.«

»Und was bist du jetzt?«, fragte ich ihn.

»Wenn ich schwinge, teile ich meine Lebensenergien den Abermilliarden anderen Menschen mit und die fangen auch an zu schwingen und wenn dann alle summ, summ, summ machen, gibt es keinen Hass und keine Kriege mehr und keinen Bundesfinanzausgleich und keine Ökosteuer. Summ, summ, summ«, machte er und ich hatte ihn in Verdacht, dass er es mit seinen Schwingungen zunächst auf Frau Schmitt aus dem vierten Stock abgesehen hatte, mit der er immer so gern Fahrstuhl fährt.

Das Arbeitsamt hat dem Karl nämlich zwar keine Arbeit, aber einen Selbsterfahrungskurs beschafft. Dort hat er gelernt, sein Ich anzunehmen, so wie es ist. Wenn seine Frau mit ihm zetert, dass er betrunken ist, sagt er jetzt immer: »Das habe ich an mir akzeptiert.«

Der Kurs hat das sympathische Ziel, die Ungerechtigkeit auf Erden abzuschaffen. Natürlich nicht gleich beim ersten Seminar – aber spätestens bis zur Sommerpause soll es geschafft sein. Zu diesem Zweck fassen glühende Sozialarbeiterinnen den Karl bei den Händen und er soll gleich mal sagen, was das für ein Gefühl ist.

Wahrheitsgemäß äußerte er, dass er sich ziemlich dämlich dabei vorkomme, ein bisschen wie DFD beim Adventssingen, ein bisschen wie Kampfgruppe, wenn sie sich zur Schützenkette entfaltet. Daraufhin steht die ganze Patientengruppe auf und applaudiert dem Karl – wegen seiner Ehrlichkeit.

»Lass es raus, Karl, lass es raus«, quiekt eine Sozialtussi aus Bielfeld. Karl hat aber keine Ahnung, was mit »es« gemeint ist und lässt vorsichtshalber erst mal gar nichts raus.

Dann legen sich alle bäuchlings auf den Boden und lauschen dem Dauerrauschen der Atmosphäre. Karl kommt neben der Sozialhilfeempfängerin Gudrun nieder, die nach eigenen Angaben im SED-Staat ihr Ich verloren hat – irgendwo auf der landwirtschaftlichen Nutzfläche zwischen Brieselang und Nauen, die sie einstmals mit dem Traktor befuhr. Je einsilbiger die Atmosphäre rauscht, desto heftiger atmet Gudrun dem Karl ins Ohr. Hinterher behauptet sie, sie hätte nach langer Zeit mal wieder was gespürt. »Ich nicht«, sagt Karl. Und so war auch das erklärt.

Nach dem Mittagessen lässt die Seminarleitung die Körper der Ichsucher übereinander rollen. Damit man lernt, mit fremder Last zu leben. Gudrun revanchiert sich und sagt zu Karl, der oben liegt, »fettes Schwein«, und wechselt den Partner.

Und jetzt kommt der Höhepunkt, wenn man paarweise die Fußsohlen aneinander legt – die bloßen Sohlen von barfüßigen Füßen – um somit die eigenen Nervenenden mit denen des Partners zu verknoten und in dessen Ich fühlen zu üben. Seitdem quält Karl die Sorge, dass er dem netten Westberliner Philosophiestudenten seinen Fußpilz aufgehalst hat. Er selber aber liest jetzt jeden Abend im

Bett neben der BILD-Zeitung auch ein paar Seiten Nietzsche.

Zum Schluss gehen alle mit einem besinnlichen »summ, summ, summ« auseinander – und wenn ihr ganz brav still seid, könnt ihr ihr Summen sogar hören.

KLEINE TÜRKEN BASTELN NICHT

Von den Türken, meine lieben Landsleute, sind wir ja allerhand gewohnt. Aber was jetzt bekannt wurde, stellt doch unsere sprichwörtliche Toleranz auf eine harte Probe. Eine große deutsche Tageszeitung hat kürzlich einmal kleine Türken unter die Lupe genommen. Keine Ahnung, wozu man dafür eine Lupe braucht – so klein sind kleine Türken ja nun auch wieder nicht. Aber mal ehrlich, meine lieben Landsleute, wer hat denn bisher bei kleinen Türken schon so genau hingesehn! Oder wussten Sie, dass ein kleiner Türke bis zu seiner Einschulung kein einziges Mal an einem Krippenspiel in seiner Heimatkirche teilgenommen hat, dass er am Muttertag die Mutter nicht liebt und am Volkstrauertag nicht traurig ist, dass er Heinrich Lübke für eine Apfelsorte hält, dass er denkt, unser Wappentier sei ein Huhn und dass er ein Weißbier nicht von einem Pils unterscheiden kann? Ja, so sind sie, die kleinen Türken. Aber das können sie ja alles noch lernen. Zum Beispiel in jener Schulklasse im an Kleintürken reichen Berlin-Kreuzberg, in der die große deutsche Tageszeitung bei den kleinen Türken zu Gast war und in der die Lehrerin als einzige sich in der Fremdsprache Deutsch verständlich machen musste.

Aber nun das Schlimmste: Kleine Türken können nicht basteln! Sie wissen manchmal nicht einmal, wie man eine

Bastelschere hält. Ja, sie können mit einem Butterfly-Messer umgehen, sie können dir einen Hammel grillen. Jedoch die gesamte Grundausbildung einer deutschen Vorschul-Kindheit ist ihnen vorenthalten worden. Die elementaren Fertigkeiten, wie Knüppern eines Weihnachtssterns, Kartoffeldruck für eine Muttischürze, Kastanienmännchen mit Streichhölzern zusammenstecken, das Besticken einer Buchhülle und das freie Gestalten eines Lesezeichens – all das ist kleinen Türken nicht gegeben. Die raffinierten Techniken zur Verschönerung von Kinderzimmern – also z.B. ein Mobile unter die Lampe zu hängen mit Fischchen dran – sind ihnen völlig fremd. Und man muss schon fragen: Ist ein Kind, und mag es ein kleiner Türke sein, das den Kartoffeldruck nicht wenigstens in seinen Anfängen beherrscht, in unserer Kultur überhaupt überlebensfähig?

Aber das ist ja nur die eine Seite. Deutsche Bastelnachmittage im Schoße der Familie sind Erziehungsstätten eines stählernen Charakters. Wer mit Uhu Fotopaste leimt, weiß, was Zähigkeit bedeutet. Ein Zögling, der mit seinem Vater jemals einen Drachen gebaut hat, wird auch anderer Unbill des Lebens gelassen ins Auge sehen können. Der jähzornige Ausruf des Elternteils »Verdammt, die Scheiße will nicht kleben«, wird ihn für immer an das Elternhaus erinnern.

Nicht umsonst empfiehlt die deutsche Pädagogik seit einem Jahrhundert als besonders nachhaltige Züchtigung das Basteln unter Aufsicht, insbesondere das Häkeln von Eierwärmern zur Beglückung der Mutter. Aber wer schon den Muttertag nicht kennt ...

Und Basteln – das schenkt uns jenes wohlige Gefühl der Nestwärme einer kleinen solidarischen Gemeinschaft, die der jungen Generation als Entwurf dient, die Gesellschaft feministisch, sozial gerecht und mit IKEA-Bausätzen einzurichten. Wer nie gebastelt hat, wird den Knick im Sofakissen und die gepressten Gräser hinter Glas an der Wand im Korridor nicht verstehen. Man lernt auch das Dienen (Dienstleistungsgesellschaft!). Ein kleiner Deutscher, der mit Papa gebastelt hat, versteht sich als Verlängerung der väterlichen Extremitäten: Er muss Nägel und Zange holen, Bier nachgießen und eine halbe Stunde lang gleichförmig den Pressdruck auf einen Klebefalz erhöhen. Man bekommt eine Ahnung davon, was die Welt zusammenhält.

Und letztlich: Wie soll der kleine Türke vom Ruhm der Luftwaffe erfahren, wenn er nie Flugzeugmodelle zusammengeleimt hat? Man kann ja zur deutschen Luftwaffe durchaus kritisch stehen, aber eine plastische Vorstellung davon, was unsere Stukas waren und womit Rommel in Afrika landete, könnte auch kleinen Türken nichts schaden.

Basteln ist deutsch und deutsch ist Basteln. Und kleine Türken, die nie haben basteln dürfen, sollen – verdammt noch mal – doch kleine Türken bleiben.

FEUCHT BLEIBEN

In diesem Sommer war das Wasser auf Mallorca schon im Frühjahr knapp. Wir Deutschen dort wollen uns traditionell feucht halten, denn nur in einem gut geduschten Analbereich wohnt auch ein gesunder Geist! Wenn der Strahl dünner wird, wird im Hotel zur Befeuchtung der Deutschen traditionell auch viel auf Vorrat geduscht. Dadurch wird der Strahl natürlich noch dünner, bis hin zum Tröpfeln. Panik bricht aus. An der Rezeption versuchen Westdeutsche durch Drohungen und Schmiergeld zu erreichen, dass Ossis das Steigrohr abgeklemmt wird. Daraufhin suchen einzelne Ossis das Gespräch mit dem Hotelmanager, um ihn zu überzeugen, dass sie in der DDR im Widerstand waren.

Familien mit vielen geduschten Kindern werden beim Frühstück von älteren allein reisenden Ehepaaren mit Semmeln beschmissen, so dass Platzwunden Platz greifen und so weiter und so fort – die ganze Skala der Scheußlichkeiten, wie wir sie auch aus der Heimat kennen: Ohne Dusche wird der Mensch zum Vieh!

Die Einheimischen haben natürlich traditionell eine andere Hygiene-Tradition. Es ist ja auch traditionell ein ganz anderes Volk. Es transpiriert traditionell weniger als unsereins. Was unsereins schon auf dem Badetuch am Pool transpiriert, transpiriert der Spanier höchstens ein wenig bei der Arbeit, was er aber traditionell geschickt zu vermeiden trachtet.

Indes: Obwohl der Eingeborene aufs Duschen traditionell eher mal verzichten könnte, breitet sich Neid aus auf der Insel. Denn es bleibt auch dem Mallorquiner nicht verborgen, dass er bei Wasserknappheit riecht, und zwar ranzig, wie der Fußlappen eines Stalingradsoldaten. Mancher zieht sich dann traditionell aus verletztem Stolz – typisch spanisch – völlig in seine traditionelle Berghütte zurück und stellt die Dienstleistung am deutschen Volkskörper ein.

Oder er ist gereizt – unstetes Naturell, die Mittelmeervölker – spricht laut und gestikuliert noch ungestümer, was die Schweißabsonderung traditionell erhöht. Aber der Tourist – der »Diplomat auf Badelatschen«, wie Joschka

Fischer zuweilen gern sagt – kann seinerseits auch dafür sorgen, dass der Wasserkrieg nicht ausbricht. Denn auch wenn er im Urlaub ist – der Deutsche macht nicht Ferien von seinen demokratischen Grundüberzeugungen.

Nie sorglos an Hauswände, Strandkörbe u.ä. urinieren! Benetze einen Park, Garten oder ein Feld mit dem köstlichen Nass! Man zeige dem Spanier – traditionell misstrauisch, stolz – dass man ihm auch etwas zurückzugeben bereit ist!

Dusch- und Badewasser auffangen! In vielen Hotelanlagen ist es gute solidarische Tradition geworden, das Zimmermädchen – spanisch, rassig! – nach dem Frühstück mit den Worten »Mach dich nass, du alte Schlampe!« zu einem Vollbad einzuladen.

Selber abfüllen, ökologisch handeln! Mit Zweiliterflaschen, die man im Hotel-Pool abgefüllt hat, kann man auf dem Markt gute Gewinne erzielen. Gegenwärtig steht der Kurs 2 Flaschen: 1 Eimerchen Sangria! Pool-Wasser aber nicht an Kleinkinder – spanisch, niedlich – verkaufen – denn die gelten nach traditioneller Rechtssprechung nicht als geschäftsfähig.

Duftmarken der Solidarität setzen: Selber mal stinken! Der Spanier – stolz, ungeduscht – ist traditionell empfänglich für Symbole und neigt dann auch dazu, Rabatte zu gewähren. Deshalb muss man nicht einmal mit Duschen aussetzen. Sprays der Duftnote »Tierheim« kann man noch in der Heimat im Fachhandel für Scherzartikel erwerben.

Und zum Schluss: Wasser sparen. Dusche abdrehen, wenn man das Hotel für mehrere Stunden verlässt.

So kann der abendländische Wertekanon, den wir aus der Heimat im Handgepäck mitnehmen, deeskalierend wirken. Wer Die Zeit lange genug gelesen hat, bei manchem Kirchentag mit diversen Katholikinnen um die Häuser gezogen ist und Multikulturellität als Bereicherung begreift, der wird auch nicht zum Schwein, wenn die Kehle sandig und das Blut schon dick wird.

Aber: Wir müssen uns dort auch nicht in den Staub der Insel schmeißen. Immer daran denken: Ohne Wasser muss der Mallorquiner sterben. Ohne Deutsche will er nicht mehr leben. Oder, wie es traditionell und nicht ohne Augenzwinkern – schelmisch – auf der Insel heißt:

Ohne das Wasser vertrocknen die Felder.

Ohne die Deutschen versiegen die Gelder.

GUT, DASS WIR VERGLICHEN HABEN

Honecker war ein kleiner Hitler. Na gut, nicht so charismatisch und ohne Schäferhund und Briefmarkenbärtchen – aber vergleichen darf man alles.

Die DDR war quasi ein KZ, ein etwas groß geratener Buchenwald, »mit Selbstversorgung«, wie Rainer Eppelmann süffisant hinzusetzen würde. Vergleichen – warum nicht?

Hilde Benjamin war der Freisler der Zonenjustiz, die Kampfgruppen waren die SA, die Pioniergruppen die Pimpfe und die Volkssolidarität war »Kraft durch Freude« und selbige spendet sie heute noch.

Hermann Kant war folgerichtig Reichsführer der Reichsschrifttumskammer und telefonierte vor jedem Fahnenappell der Dichter mit Goebbels. Naja, ganz so war es nicht: Doch man wird vergleichen dürfen.

Übrigens: Verglichen mit Honecker hat Reichsforstmeister Göring für die Schorfheide viel Gutes getan. Freya

Klier und Arnold Vaatz waren, obwohl nicht miteinander verwandt, die Geschwister Scholl der SED-Diktatur. Nur dass sie nicht unterm Fallbeil endeten, das macht den Vergleich dezent hinken.

Einmal saß ich als so genannter »sachverständiger Gast« in einer Fernsehtalkshow und hörte, wie die brotdumme Moderatorin eine Theaterregisseurin aus dem Osten mit den Worten vorstellte: »Sie war die Leni Riefenstahl der DDR.« Statt augenblicklich auf den Bistrotisch zu springen, blieb ich sachverständig brav sitzen, denn vergleichen darf man alles.

Auch unser Außenminister vergleicht gern. Aus der Ferne von Bonn sah das Kosovo eindeutig wie Auschwitz aus. Nur die Rampe fehlte und das Zyklon B. Macht nichts, denn der Verteidigungsminister kannte Pläne, die dem Schlachte-Plan zur »Endlösung der Judenfrage« verdammt ähnlich sahen. (Übrigens ist er bis heute der einzige, der diese Pläne je gesehen hat.)

Der Schmarrn vom »Auschwitz in den Seelen«, womit man gewöhnlich eine handfeste Herbstdepression vergleicht, stammt von Jürgen Fuchs und leider hat er ihn nicht mit ins Grab genommen. Aber vergleichen darf man alles.

Als Ossis hordenweise von Gauck aus ihren bürgerlichen Existenzen gekippt und auf den Fluren des Arbeitsamtes in Reihe aufgestellt wurden, faselten einige, sie verstünden nun, wie den Juden zumute gewesen sein muss, damals. Denn vergleichen darf man alles. Nur dass wir IM nicht ins Gas gewandert sind, sondern Ministerpräsidenten wurden oder Kolumnisten, macht den Vergleich irgendwie unrund. Er hat eine Unwucht, würde mein Reifenfritze sagen.

Jüngst hatten Leute aus dem Zuhälter-Milieu, denen hobbymäßig um Rassenreinheit zu tun ist, zur »1. Antirassismus-Demonstration gegen die Rassengesetze für Hunde« aufgerufen. »Kampfhund-Lüge!«, riefen sie. Das klingt nicht nur zufällig wie »Auschwitz-Lüge«, wenn man mal vergleicht. Sie wollten ihre Köter mit Davidsternen dekorieren und am Stachelhalsband durch die Straßen führen: Warnung vor dem diskriminierten Hunde! Denn dem Kampfhund wird übel nachgeredet, so wie früher den Juden, und ein Vergleich zeigt, wohin so was führt. Und so wenig wie der Jude ist der Kampfhund an sich »böse«. Es kommt nämlich, wie beim Juden, darauf an, wie er gehalten wird.

Natürlich ist der Jude, genau besehen, kein Tier. Doch soll man nicht vergleichen dürfen?

Als zu Ostern in Erfurt die Synagoge niederbrennen sollte, war das – nein, nicht wie damals. Wie ein Osterfeuerchen war das, die doch um Ostern in allen Gärtchen knistern. Gut, dass wir verglichen haben!

WIE WIR IMMER SEIN WOLLTEN

Ist Eberswalde »national befreite Zone«? Mir fehlt eine eindeutige Beschilderung, an der ich, als Bürger und Steuerzahler, mich sachdienlich orientieren kann. Man will doch auch stolz sein dürfen auf seine Stadt, die ansonsten – außer einem Zoo – keinerlei Sehenswürdigkeiten aufzubieten hat. Ich weiß, dass in Eberswalde kein Neger länger als vierundzwanzig Stunden überlebt – bekanntlich streben wir Ostler ja mit Macht in verschiedenen Disziplinen ins Guinness-Buch der Rekorde. Wie unsere Mädels und Jungens einen ausgewachsenen Neger kleinkriegen, haben sie mehrmals vorgemacht. Sie jagen ihn von einem Ende der Stadt zum anderen (Eberswalde besteht eigentlich nur aus zwei weit auseinander liegenden Enden an einer stupiden Straße). Wenn in unserer Stadt ein Neger fällt, dann fließt praktisch kein Blut (das muss man auch mal anerkennen). Er stirbt aus Angst und Erschöpfung an Herzflimmern auf dem Gehweg, den wir Bürgersteig nennen. Höchstens bleibt ein Pfützchen Angsturin. Aber damit kein falscher Eindruck entsteht: Es ist hier schon lange kein Schwarzer mehr gestorben; es kommt ja keiner! Bei den Bürgerinnen und Bürgern, die vor dem Mittagessen und vor dem Abendbrot bei den Gartencentern vorfahren, um über das Leben und den Rhythmus des Gartenjahres zu diskutieren (jetzt sind ja bald wieder die Kirschen dran, und zwar zuerst die hellen Sorten!), entsteht deshalb eine gewisse Unsicherheit, ob sie sich in einer »national befreiten Zone« befinden oder nicht. Also, hier muss unbedingt Abhilfe her – vielleicht könnte man ein altgermanisches Symbol ins Eberswalder Wappen hieven?

In unserer NBZ Eberswalde geht es auch nicht immer logisch zu, was zusätzlich Verwirrung stiftet. Während Neger ausgetrieben werden, sind Polen geduldet, solange sie die Autobahn Richtung Hauptstadt nicht verlassen. Irgendwie hat der Pole einen siebten Sinn dafür, dass er auf befreites Gebiet kommt. Der Schlawiner. Es ist nicht auszuschließen, dass sich Polen kurzzeitig gewissermaßen »illegal« in der Stadt aufhalten – aber sie halten den Mund. Trotzdem sollte man die Warnung vor dem Betreten der Stadt an der Autobahnabfahrt Eberswalde in Polnisch ausschildern, damit dann keiner sagen kann, er habe es ja nicht gewusst. Vietnamesen haben befristete Rechte, sofern sie Jogginghosen und flusige Damenpullover vor den Baumärkten anbieten. Ihr anständiges Auftreten dem Eberswalder Bürger gegenüber ist vorbildhaft dafür, wie einzelne Ausländer sogar in national befreiten Zonen überleben können. Das Leben selbst schreibt offensichtlich die richtigen Rassengesetze. Trotzdem hätte man als Bürger natürlich vom Amt oder vom Landrat gern einen kleinen Leitfaden in die Hand bekommen, wie das Zusammenleben unter nationalen Vorzeichen neuerdings geregelt ist. Es reicht nicht, in der Heimatpresse verkünden zu lassen: »Der Otto-Normalverbraucher-Eberswalder braucht vor Gewalt keine Angst zu haben.« Das wäre ja auch noch schöner! Schließlich haben wir lange an unseren Gesichtern gearbeitet, damit wir sofort zweifelsfrei als Deutsche zu erkennen sind. Aber welche Ausländer müssen sich uns nun unterordnen? Hier drücken sich die Stadtväter nach wie vor um eine klare Antwort herum.

Engagierte Bürger haben vorgeschlagen, auf der Post oder der Polizei oder in der Schwimmhalle Phantombilder aufzuhängen, die die typischen Merkmale des Kopfes krimineller ausländischer Schwarzarbeiter, die zu Autodiebstahl neigen, zeigen. Damit wäre niemandem zu nahe getreten. Aber während die Behörde beim Eintreiben der Steuern und Mahngebühren sehr fix ist, bewegt sie sich in Fragen von nationaler Bedeutung ungern.

Das Wichtigste ist aber das Lebensgefühl bei uns, und dass die Menschen wieder enger zusammenrücken, wieder stolz sind auf die Jugend. Eberswalde wird immer schöner, und Nazis gehören heute ganz selbstverständlich zum Stadtbild. Wie früher das lustige Blau der FDJ oder das Grau der NVA, so sind es heute schwarze Bomberjacken, weiß gesenkelte Schnürstiefel und Glatzen, die unserem Eberswalde ein jugendliches Flair geben. In den berühmten Trolleybussen (nach sowjetischem Vorbild), vor dem Bahnhof, in den hübschen Rathauspassagen und auf dem Markt zeigen sich unsere Nazis humorvoll und unverkrampft. Aus ihren Kleinwagen lachen und winken sie einem entgegen. In den Gartencentern, an den Tankstellen und in den Kneipen werden sie freudig begrüßt. Und immer sind sie für einen Scherz zu haben! Es sind Kinder dieser Stadt. Sie sind so geworden, wie wir immer werden wollten.

ANGEKOMMEN

Zwischen Kap Arkona und Fichtelberg hat ein breites und langes Nachdenken begonnen, wie der Stalinismus als Ganzes, wie aber auch der kleine Stalinist in jedem selber überwunden werden kann. Überall kommen die Menschen innerhalb des Aufgebotes »Zehn Jahre Deutschland, wir sind dabei!« zu Versammlungen zusammen, die fast nie zu Ende gehen, ohne dass jemand dem Stalinismus abschwört und danach wie frisch gebadet den Raum verlässt.

In der Hausgemeinschaft Wörlitzer Straße 18 in Marzahn (Trägerin der Goldenen Hausnummer seit 1987) hat der Arbeitslose Eckert seinen Ehrgeiz darein gesetzt, möglichst viele Stalinisten zur Umkehr zu bewegen. »Wer sich z.B. angesichts des versauten Abstandsgrüns innerlich schon einmal den Subbotnik zurückgewünscht hat – bekanntlich eine besonders repressive Form des Terrors durch Arbeit – sollte jetzt bekennen, dass in ihm noch immer der Wurm des Stalinismus nagt«, forderte Eckert. In der Versammlung im Trockenraum der Hausgemeinschaft trat die Rentnerin Hedwig S. hervor und zerriss öffentlich ein Ulbricht-Bild, wobei sie verächtlich ausspie und den Trinker Ulf A. auf sein T-Shirt (»Ich will ficken!«) traf. Alle waren begeistert. Als man die Bildhälften aber noch einmal gegeneinanderhielt, stellte sich heraus, dass es ein Foto von Mitschurin (dem Erfinder der Marmelade) oder S. Freud (dem Erfinder des Patientensofas) war.

Pünktlich um neun, dem Zeitpunkt der Frühstückspause, traf sich die Brigade »Juri Gagarin« des VEB Berliner Bremsenwerke. Weil es aber die Knorr-Bremse nicht mehr gibt bzw. die »Gagarins«, wie sie von der Parteipresse einst liebevoll genannt wurden, fand die Frühstückspause an der Imbissbude »Anita's heißer Happen« statt. Otto bestellte für eine Büchsen-Runde und bekannte sich mitschuldig. Woran, wusste er aber nicht genau. Alfred Kawelke, ehem. Parteigruppen-Organisator und heute PDS-Kassenwart im Friedrichshain, wurde prinzipiell: »Formale Schuldbekenntnisse nützen uns nicht! Überleg doch mal, Otto, unsere Bremsen haben Bautzen doch erst möglich gemacht!« Einmütig beschloss das Kollektiv, seinen stalinistischen Propagandanamen abzulegen (denn ob Gagarin wirklich geflogen ist oder ob das gelogen ist, darüber bestehen arge Zweifel – aber die »Gagarins« sind wirklich geflogen!), aber als Brigade zum Saufen lose zusammenzubleiben. »Nur keine Strukturen des Zwangs und des Zentralismus mehr«, beharrte Alfred und legte den Termin für den nächsten Umtrunk fest.

Im Plänterwald, in der Gartensparte »Zur Deutschen Einheit« (vorm. »Clara Zetkin«, wobei auch das nur ein Tarnname war), ging es vor allem um die Frage, ob denn alle schon in der Demokratie der Bundesrepublik angekommen seien. Die jungen Rotzlöffel Bernd S. und Ali F.

(Spitzname »Berija«) sagten, sie dächten gar nicht daran, sich dahin zu begeben, weil sie schon zu oft beim Schwarzfahren erwischt worden seien. Gesine P., führende Witwe eines führenden Genossen, sprach allen Anwesenden aus dem Herzen: »Natürlich bin ich in der Demokratie angekommen. Wo soll ich denn sonst noch hin?« Spartenvorsitzender Dr. W. bekannte, er habe bisher »Neuland unterm Pflug« des Altkommunisten Scholochow für ein Standardwerk der Gartenpflege gehalten. »Was hat man uns doch betrogen!«, rief er aus. Gerade zur wichtigen Frage der Veredlung von Ziergehölzen, insbesondere der Methode des Pfropfens, sei in dem ganzen Buch nichts enthalten. Er forderte dazu auf, den antistalinistischen Kurs der Partei kompromisslos und mit der Androhung von Parteistrafen durchzusetzen.

Überall kommen die Stalinisten aus den Löchern, schütteln sich, befreien sich von ideologischem Ballast, um neue Glaubenssätze aufnehmen zu können. In der Berliner Samaritergemeinde veranstaltet die AG Christen in der PDS jeden Samstag rituelle Waschungen mit anschließendem Bekenntnisküssen auf das Grundgesetz. Einige Paragraphen sind vom Küssen schon ganz ausgedünnt und müssen nachgebessert werden. »Das Grundgesetz werden wir uns von niemandem nehmen lassen«, beharrte Sylvia-Yvonne K. von der Hausverwaltung der Partei und schloss die eben eingetroffene Lieferung Grundgesetze im Taschenbuchformat mit lustigen Illustrationen zum Ausmalen sorgfältig in eine Vitrine.

Mancher erkennt auch auf ungewöhnliche Weise, wie tief das totalitäre Denken noch in ihm sitzt. Wie Schwarzarbeiter Lothar S. (wirklicher Name der Redaktion bekannt). Er kam neulich in seine Basisgruppe und entlarvte sich mit den Worten: »Ich Gulag, ich!« Wie er denn erkannt habe, dass der Stalinismus in ihm noch nicht tot sei, fragten ihn alle ganz aufgeregt. »Ganz einfach«, sagte Lothar S. nicht ohne berechtigten Stolz, »ich habe die Brie-Formel angewandt!« Die Brie-Formel? Jetzt wollten es alle genau wissen!

»Ja«, sagte Lothar bedächtig, »dieser führende Kader hat doch gesagt, er will die PDS allen Stalinisten unerträglich machen.«

»Na und?«, riefen alle wie aus einem Munde.

»Bei mir hat er das schon geschafft«, setzte Lothar genüsslich die Pointe.

KEINE ENTSCHULDIGUNG

Und wieder hat der PDS-Vorstand ein Dach erobert, diesmal am Strausberger Platz in Berlin! Wieder unblutig, wie das seine Art ist (wenn man von dem gequetschten Daumen eines angeheuerten Gerüstbauers einmal absieht). Der revolutionäre Häuserkampf in Berlin, von den Medien weitgehend ignoriert, macht sich. Die Bevölkerung von Mitte hat sich inzwischen angewöhnt, morgens, noch in Nachthemd und Pyjama, mal schnell aufs Trottoir zu laufen und zu gucken, ob ihr Dach noch frei ist. Das Ordnungsamt rüstet zur Gegenwehr: Repräsentative Gebäude sollen jetzt in der Hauptstadt mit so genannten Taubenmördern (aufgereihte Nagelspitzen) nachgerüstet werden, damit es den manischen Klettermaxen Gregor Gysi und Frau Professor Luft, wenn die wieder mal fensterln gehen, die Neoprenschlüpferchen zerreißt.

Während sich Schröder, der sich »Kultur und Kunst sehr hart erarbeiten« musste, mit sinister sinnierenden Lyrikern und Plakatkünstlern umgibt, schafft die PDS Fakten mit Kunst am Bau. Dadaeske Spruchsalven, die den einmaligen Reiz haben, dass sie kein Schwein versteht, lehren die Berliner Wahl-Bürger Demut – peinlich berührt schlagen sie die Augen nieder. Dabei sorgt die Zentrale immer wieder für Überraschungen. Nachdem sie den Sommer damit verbracht hat, sich im Wochenabstand für irgendwas bei irgendwem zu entschuldigen (bei Dubcek, bei den Mauertoten, bei Richard von Weizsäcker, bei den unter Ulbricht Zukurzgekommenen, bei den Zukürzergekommenen, bei Willy Brandt für den Spion und immer wieder umfassend bei »den Opfern« – die den Kommunisten eigentlich dankbar sein müssten, denn gibt es heutzutage etwas Komfortableres, als Opfer zu sein?), hat sie jetzt den Spieß umgedreht (Lehrbuch der Marxistisch-Leninistischen Taktik, Seite 1123): Jetzt ruft sie aus, wofür sie sich nicht entschuldigt. Das ist sehr mutig. Zumal, wenn man damit rechnen muss, dass es keinen interessiert.

Geht das nicht ein wenig zu rasch? Sind nicht noch einige dringliche Entschuldigungen offen? Was ist mit August Bebels Taschenuhr – geklaut und rasch den Namen eingraviert? Thälmanns säuische Fesselspiele – wenn er nicht gerade in Haft war – beunruhigen noch heute die Hamburger Arbeiterschaft. Und was ist mit dem Kapitel »Wilhelm Pieck und die kleinen Kinder«? Gut, es gibt niemanden, der auf solche Entschuldigungen scharf ist. Das darf man der PDS aber nicht sagen. Das ermuntert sie nur.

Nun lesen wir überm Strausberger Platz: »Keine Entschuldigung für unseren sozialistischen Anspruch – PDS.« Das ist kryptisch, aber gut! Da scheint es tatsächlich Leute zu geben, die sich bei den Roten für »unseren sozialistischen Anspruch« penetrant entschuldigen wollen. Da muss sich die PDS natürlich verarscht vorkommen! So eine Entschuldigung würde ich mir auch verbitten. Wenn ich beim Sozialamt einen Anspruch auf ein paar Sommersandaletten habe, will ich doch, verdammt, die Treter haben und keine Entschuldigungen. Vielleicht ist es der Schröder, der sich bei Lothar Bisky dauernd entschuldigen will, dass er dem armen Kerl in der sozialdemokratischen Arbeitsteilung den »sozialistischen Anspruch« aufgehalst hat. Denn es gibt berechtigte und unberechtigte Ansprüche; das entscheidet ein Richter. »Sozialistische Ansprüche« entscheidet das Schicksal. Und man weiß ja, wie das mit den Roten umspringt.

Am wirkungsvollsten sind natürlich die Slogans, die einer Presseerklärung bedürfen, damit einem überhaupt was schwant. In der Strausberger-Platz-Erklärung hebt die Parteiführung hervor: Mehrfach (!) habe sie sich für dies und jenes bereits entschuldigt. O Gott, und wir einfachen Menschen dachten, die hätte ihren Hang zum rituellen Kniefall und die akuten Schübe von Ganzkörperschamesröte bisher überhaupt nicht bemerkt! Wir dachten, die sind krank!

Nun aber stellt sich heraus: Das hatte Methode. Mit Wiederholungen von Entschuldigungen sollte ein gewisses Sättigungsmaß erreicht werden. Wann das voll ist, das müsste man beim Eichamt erfragen. Noch gibt es für das Entschuldigungsmaximum keine bundesdeutsche DIN. Bisher war auch keine nötig. Da hat die PDS doch was bewegt ...

»Nur mit konsequenter Selbstkritik und fortgesetzter demokratischer Erneuerung wird die PDS eine Chance haben«, grübelt der Parteivorstand anlässlich seiner Hochhausbeflaggung.

Eine Chance – wofür? Weiter dieses grauenvolle Politbüro-Deutsch formulieren zu dürfen (»mit fortgesetzter Erneuerung«)? Oder die Chance, wenigstens einmal in ihrer revolutionären Existenz auf irgendeinem ollen Kaufhallendach ein Plakat zu sehen, auf dem steht deutlich sichtbar, wenn auch ziemlich wirr: »Keine Entschuldigung für unsere kapitalistischen Ansprüche«?

BOMBEN AUF DEN LERCHENBERG
Wie »Der dritte Weltkrieg« im ZDF vergeudet wurde

Das öffentlich-rechtliche Zweite Deutsche Fernsehen hat den dritten Weltkrieg gewonnen. Natürlich auf diese Weise den Zweiten gleich mit. Es kriegt zwar keinen Wetterbericht – gesponsert von der Advance Bank – zustande, ohne dass ein Kabeljunge blöde durchs Bild läuft. Aber es landet im E-Fall auf der Butterseite der Geschichte. Es konnte unverletzte, gesalbte und geföhnte Überlebende präsentieren, die – außer einer Kamerastarre – keine sichtbaren Schäden aufwiesen: einen sächselnden »DDR-Dissidenten« und eine »Westberliner Ärztin«, die unterm Atompilz Aspirin verteilt haben soll. Und natürlich einen hohen bundesdeutschen Militär, der in einem der raren Bunker in der Eifel überdauert haben mag. Wie auch immer das Inferno über den Planeten gerast ist – die freiheitlich-demokratische Grundordnung ist gestärkt und gebügelt aus dem Schlamassel hervorgegangen; das ZDF ist übrig geblieben, schöner denn je, und konnte mit Überlebenden plaudern.

Das musste mal gesagt sein: Die Ostler sollen sich mal nichts einbilden! Das Abendland hätte den planetaren Bürgerkrieg auch gewonnen, wenn die Ossis die Hufe hochgerissen hätten und vor dem Brandenburger Tor niedergemäht worden wären. Und Professor Guido Knopp hätte auch nach dem dritten Weltkrieg weiter das getan, was er am liebsten macht. Er hätte uns Folge um Folge erzählt, dass die Nazigeneräle irgendwie auch nette Menschen waren.

Beglückt lehnen wir uns zurück. Erstens ist nachgewiesen, dass nach 14 Tagen NATO-Beschuss in der DDR die Versorgung mit Tempo-Linsen und Braunkohlebriketts zusammengebrochen wäre. Die aber auch sonst nicht berühmt war. Zweitens ist mal wieder geklärt, dass die Menschen umso böser sind, je weiter östlich man kommt (schade nur, dass die Stasi diesmal nicht mitgespielt hat). Und drittens ist es ein schönes Gefühl, dass alles noch hätte viel schlimmer kommen können. Heute haben wir nur die westdeutschen Besatzer auf dem Hals. Was ist das schon! In einem Atomkrieg hätten womöglich auch noch unsere Plattenbauten samt Hellerau-Schrankwänden daran glauben müssen. Wir haben auch verdammtes Schwein gehabt, dass wir den Dissidenten Schabowski unter uns wussten, der uns vor dem Schlimmsten bewahrt hat und folgerichtig zum heiteren Auftakt der Marschflugkörperballerei von Honecker zum Tode verurteilt worden wäre. Sei's drum!

Vielleicht gäbe es nach dem ZDF-Weltkrieg einige hunderttausend Menschen weniger. Aber frei, liebe Leute, frei wären wir doch.

Das haben wir nun begriffen. Der Krieg, das wäre eine verdammt heiße Badekur gewesen. Aber was macht das, wenn man clean daraus – als »DDR-Dissident« oder »Westberliner Ärztin« – heraussteigt? Und wie viele herrliche Bilder hätte das gegeben, die unser ZDF heute erst mühsam fälschen muss! Denn unheimlich und gruselig in diesem Film ist nicht der Krieg. Das Grauen fällt einen an, wenn man sieht, mit welcher Inbrunst sich die freien, unabhängigen Journalisten ins patriotische Falsifikat werfen. Lügen die erst im Ausnahmezustand oder schon in Friedenszeiten? Alexander Niemetz legt sein schönstes Tremolo auf. Dirk Sager, der keine Lifeschalte ohne Alzheimerschub über die Bühne bringt, darf mannnah Feindberührung mit dem Beelzebub in der sowjetischen Generalsuniform spielen. Er stellt die verdammt richtigen Fragen. Reitze, oder wie die Pflaume heißt, ist ganz heiß auf die Front und lüpft endsiegfroh das Langgebiss, Arschloch Siegloch hat eine historische Nebenrolle; Herr Ellgaard macht wie immer, was befohlen ist, und Volkssturm-Trampe mischt die Frontstadt auf. Doch wo ist der Schlachtenlautmaler und Ritterkreuzanwärter Friedhelm Brebeck? (Ach, der ist ARD?)

Den schönsten Part aber hat von Lojewski. Er beweist, dass seine Syntax für Begriffsstutzige im Kriegsfall nicht nur nicht versagt, sondern für Massenerschießungen geradezu geschaffen ist. Er darf die ersten Toten funken: 23 Berliner, »darunter auch unser Kollege Matthias Hädicke« – na, wenn der keinen atomaren Erstschlag wert war! Und nach dem Gemetzel darf Lojewski zart-erregt ins »heute-journal« überleiten. Was für ein ungerechter Krieg, wenn es den nicht mal erwischt!

Die Crew um den feinen, kultivierten Herrn Bresser hat zum Jahresende alle Perversitäten, derer sie mächtig ist, rausgelassen. Oder ist es nicht pervers, für dieses piefige und miefige Westberlin mit seinen antriebsschwachen Eingeborenen die ganze Welt in die Luft jagen zu wollen? Zu blöde, wenn sich in einem Dasein als journalistischer

Kalter Krieger der Feind Jahr für Jahr immer mehr verdünnisiert. Wo es nichts mehr zu berichten gibt, muss es doch wenigstens was zum Spielen geben.

Was wäre, wenn – so darf man Geschichte doch befragen? Was wäre, wenn da oben ein gütiger HERR säße? Dann fiele der nächste Gefechtskörper auf den Mainzer Lerchenberg. Nur ein kleiner, versteht sich. Damit Bresser, über die Leiche von Knopp gebeugt, noch fragen kann: »Was nun, Herr Stolte?«

DIE UNBESIEGLICHE INSCHRIFT

Die Russen sind mir schon welche! Kaum waren sie hier, haben sie alle einigermaßen heil gebliebenen Wände beschmiert und noch das letzte frei laufende Huhn genotzüchtigt – und gefressen. Oder umgekehrt. Kurz und übel – der Verbrechen sind zahlreiche, vor allem, wenn man bedenkt, dass sie von Kommunisten verübt wurden und die Hühner unschuldig waren, wie alle Deutschen.

Mit wahrer Inbrunst, mit unsäglichem Penetrationseifer haben sich die mongolischen Horden auch am Reichstag vergangen. Wie Jahrzehnte später die Mauerspechte an der Mauer, so haben sie ihren ganzen historischen Frust am Reichstag abgeschubbert. Als der – wie wir jetzt salopp zu sagen pflegen – »Hort der deutschen Demokratie« zu Umbauzwecken entkernt wurde, gab es ein heilloses Erschrecken. Erstens, weil die Bauernlümmel von hinterm Ural bereits über eine Art Schriftsprache verfügten – eine primitive zwar, aber immerhin! Zweitens, weil man es nicht lesen konnte. Diese Arroganz der Sieger, sich nicht in ordentlichem Deutsch auszudrücken, in der Sprache Goethes und Alfred Rosenbergs!

Frau Süßmuth ließ sich durch den Reichstagstorso führen. Tapfer, die Dame! Das war wie eine Wanderung durch die Herrentoilette eines Berliner Vorortbahnhofs. Wörter, die mit F oder V beginnen, wurden nur mit einmaligem bzw. zweimaligem Kopfnicken übersetzt. »Vreiheit« war nicht dabei; aber »Frieden« kam manchmal vor. Am Ende hatte die damalige Präsidentin zwei Dutzend »sexistische« und »frauenfeindliche« Parolen hinzugelernt und errötete noch einige Tage nach diesem Ereignis, wenn einer ihrer Staatssekretäre geistesabwesend nickte.

Merke: Männer sind Schweine, egal auf welcher Seite der Front sie stehen. Sie hätten den Krieg niemals gewinnen dürfen. Er war der Feldzug des stalinistischen Patriarchats gegen die deutsche Arbeitsmaid. Das hätte man von den Wänden des Bundestages buchstabieren können als Mahnung, wie schlecht Kommunisten über Frauen und deren Teile denken. Thierses immer leicht erregtes Demokratiestammeln unter einem saftigen russischen Reim mit sogenannten schmutzigen Ausdrücken – das würde manches erträglicher machen.

Aber nein – die Zoten haben sie weggeschmirgelt! Auch einige hochpolitische darunter – z.B. das Angebot eines jungen Russen, Hitler eine Blaue Bohne in jede verfügbare Körperöffnung zu jagen. Stehen geblieben sind zahlreiche Jubelrufe über den Sieg. Und die Mitteilung »Ich war hier« von einem Mitja Sowieso. Bei der Reichstagseröffnung hat man sich darunter gestellt und sich selbst und seine »historische Gelassenheit« gebauchpinselt. Mein Gott, wie sind wir überlegen – schließlich haben wir den Zweiten Weltkrieg ja doch noch gewonnen. Niemand weiß das besser als die Russen. Für zehn Mark West würden die hier einzeln antanzen und mit der Zahnbürste ihre unbesieglichen Inschriften von der Tapete der Volkssouveränität kratzen!

Jedoch, »im parlamentarischen Alltag«, nölen zahlreiche Abgeordnete, seien die Russen-Inkunabeln »schwer erträglich«. Außerdem sind sie unpädagogisch. Man kann nicht fordern, jugendlichen Sprayern die Hände abzuhacken, aber Russen-Grafittis tolerieren. Man möchte endlich mit hübschen Bildern den Reichstag schmücken – jedoch: »Einen Bismarck kann man nicht über die Russen-Parolen hängen«, hieß es aus der Baukommission. Göring oder Hitler natürlich schon gar nicht.

Das sollten wir in Ruhe erwägen. Und dass russische Auftragsmorde in Deutschland zugenommen haben, sollten wir auch bedenken. Was das eine mit dem andern zu tun hat? Nichts. Aber es passt irgendwie.

HÖHENPUNKTE IN MITTE

In Mitte gibt es einige geeignete Ansitze – der Waidmann nennt sie auch »Kanzel« –, ausgewählte Objekte zu erlegen. Von nicht weniger als dreizehn Plateaus aus ergeben sich – dank Schlüter, Schinkel und Henselmann – lange und edle Sichtachsen, die – ist der Schütze mit dem Präzisionsgerät vertraut – einen weiten, gleichwohl exakten Schuss Einzelfeuer möglich machen. Von entsprechenden Höhenpunkten aus seriös angehalten, dürfte die Flugbahn des Geschosses über die lichte Höhe unbeteiligter Lebewesen und Geräte, wie Menschen, Orgel-Rieke, Bäume, Autos und sogar Doppelstockbusse, hinwegführen. Das Projektil könnte dann in einsfünfundsiebzig über Bodenhöhe im vorderen Hirnlappen des ausgewählten Stückes stecken bleiben.

Schwierig dürfte es für einen Schützen sein, der mit den lokalen geografischen, architektonischen und mentalen Gegebenheiten unvertraut ist, einen der Höhenpunkte unbeobachtet zu erklimmen. Schon unter normalen Umständen wäre es auffällig, versuchte jemand mit einer angemessen langen Waffe auf dem Friedrich-Reiterdenkmal Unter den Linden aufzusitzen, um das Ziel in der idealen Schussachse: Spreearm – Schlossplatz – Portal oder, noch besser: Balkon des Staatsratsgebäudes ins Visier zu nehmen – aus welchen Gründen auch immer, die an dieser Stelle nicht moralisch bewertet werden sollen. Denn natürlich muss der Schütze davon ausgehen, dass die ballistischen Schneisen den Sicherheitsdiensten bekannt sind. (Bekanntlich hat in der historischen Debatte um den Regierungssitz Berlin der Einwand der militärischen Abwehr, Mitte böte zu viel freies Schussfeld, nachhaltige Betroffenheit bei Regierung und Opposition ausgelöst.)

Auch die Achse: Dach des Zentralkomitees der SED (heute Außenministerium) – längs zur Jägerstraße – Freitreppe Schauspielhaus am Gendarmenmarkt böte sich an. Aber wie kommt man auf das Dach des ZK?

In der Frage der freien Schussbahn wird kein erfahrener Schütze auch nur die geringsten Kompromisse eingehen. Denn sie ist Voraussetzung für den Treffer, und zwar für einen Treffer, der »sitzt«, wie wir Waidgenossen salopp sagen, also dem Jagdstück jegliches Leid über den Bruchteil einer Sekunde hinaus erspart und Unbeteiligte nach menschlichem Ermessen an Leib und Leben schont. Jeder Schütze wird es als Ehrensache ansehen, nicht zu fehlen. Deshalb ist eine minutiöse, auch dem scheinbar unwichtigen Detail verpflichtete Vorbereitung unerlässlich.

Für das Erklimmen der Ansitze biete ich hiermit meine Hilfe an. Seit nunmehr fast acht Jahren, als Mitte weitgehend unzerstört (was ich nie verstehen werde) an den Westen fiel, habe ich an nichts anderem gearbeitet, als Sichtachsen und Schussfelder zu erkunden und in ballistische Karten einzutragen, die als Vordrucke in guten Militaria-Handlungen zu erstehen sind. Aus meiner Funktion als Stadtbilderklärer des Magistrats unter den ungeheuerlichsten Vorwänden und Anschuldigungen vom neuen Dienstherren verwiesen, aus der Jagdgesellschaft Friedrichshagen durch Entzug der Waffenkarte wegen angeblicher Verstrickungen mit dem damaligen Sicherheitsorgan verstoßen, hatte ich Muße, mich ganz diesem dankbaren, interessanten und vielgestaltigen Hobby zu widmen, auf dem ich mein stadthistorisches Wissen fruchtbringend in Anschlag bringen konnte.

Warum? Nun, keineswegs aus verletzter Eitelkeit oder gebrochenem Stolz, in dieses Schubfach lasse ich mich nicht stecken! Selbstredend auch nicht in Mordabsicht. Bei allem, was mir angetan wurde – Rache ist mir fremd. Ich hege keinen Zorn gegen den Bundeskanzler – die Kanzler kommen und gehen – das deutsche Volk aber bleibt. Das Töten ist mir zuwider (ich war, offen gestanden, kein sehr guter Jäger, jedoch ein ambitionierter Heger und Pfleger in meinem Friedrichshagener Jagen, das nunmehr an einen Limonadefabrikanten aus Wilmersdorf verpachtet ist). Der Mensch will nützlich sein. Er braucht eine Mission. Ja, er will dienen! Und wenn das ein Dienst ist, den nur er, er ganz allein aufgrund seiner Talente und Erfahrungen zu leisten vermag, dann lässt der Dienst ihm sein Leben als glücklich resp. erfüllt erscheinen. Dann wird der Dienst zur Leidenschaft und erheischt weder Orden noch Lohn!

Mit einem Gerät, das ich einem Vermessungstrupp in der Auguststraße entwendete, und dem entsprechenden Stativ – eine sinnreiche Konstruktion, die ich mir selbst zusammenschweißte – konnte ich alle Ansitze überprüfen und sorgsam kartographieren.

Zunächst trug ich in meinen Almanach, welcher sich rasch zu einem Diarium meiner Obsession »mauserte«, lediglich Längen und Besonderheiten der Geschossbahnen ein. Doch, wie bei jeglicher akribisch betriebenen Forschung, taten sich auch hier mit jedem Messwert neue Fragen auf. Gegen zweiundzwanzig Uhr beispielsweise ist das Schussfeld zwischen dem Höhenpunkt: Kuppel der St. Hedwigskathedrale – Neue Wache Unter den Linden idealerweise völlig frei. Tagsüber wird es in zehn- oder fünfzehnminütigen Abständen – wenn die Berliner Verkehrsbetriebe nach Plan verkehren – von Bussen, langbeinigen Frauen oder gar Stelzengängern verstellt. Man muss also den Fahrplan der Hunderterlinie in das Beobachtungsprotokoll aufnehmen und sich, was plötzliche Änderungen betrifft, sofern sie in der Tagespresse angekündigt werden, auf dem Laufenden halten. Weiterhin sind die Licht- und anderen geografischen Verhältnisse in ihrer jahreszeitlichen Bedingtheit zu berücksichtigen: Licht von hinten, das kann man in jedem militärischen Handbuch nachlesen, verkürzt scheinbar die Distanz und verführt den weniger kühl analysierenden, den Leidenschaften des Augenblicks folgenden Schützen dazu, zu tief anzuhalten. Leidenschaft und Ehrgeiz sind im Jagdwesen immer die schlechtesten Ratgeber. Im unglücklichen Falle wird das zu einem Treffer in den Bauchraum des Objektes führen (starkes Schweißen, Nachsuche unerlässlich). Ein Anfängerfehler, der auch dem jagdlich versierten Zeitgenossen gelegentlich unterläuft! An einem lichten Sommertag gegen neunzehn Uhr fünfundvierzig auf der Quadriga ansitzend, wird man das Ziel, wenn es den Mittelweg Unter den Linden quert, um pünktlich zum Live-Gespräch der »Tagesschau« ins ARD-Hauptstadtstudio zu gelangen, wahrscheinlich verfehlen, wenn man nicht berechnet, welche optischen Verzerrungen die tief stehende Sonne im Westen bewirkt. Ein Treffer wäre in diesem Fall ohnehin nur in den vegetationsarmen Jahreszeiten möglich, weil andernfalls die reiche Belaubung der Linden die Sicht auf das Objekt verstellt. Im Sommer wäre die Achse: Dach der Gauck-Behörde (Schornstein, bitte loses Steigeisen Nummer drei von unten beachten!) – Unter den Linden entschieden vorzuziehen. Diese wenigen Beispiele belegen hinreichend, dass es die »endgültige« Schussfeldbeobachtung nicht gibt und nicht geben kann. Meiner Tätigkeit haftet folglich die Eigenschaft an, unfertig, ja vorläufig zu sein – und ich bekenne mich dazu.

Aus dem jagdlichen Leben wissen wir, dass man sich die Wetterbedingungen nicht aussuchen kann. Wie oft werden passionierte Jäger von Laien für »dumm« gehalten, wenn sie ausgerechnet bei Schneesturm ansitzen. Aber ein kapitaler Bock fragt nicht nach der Wetterlage, wenn ihn seine Natur dazu treibt, durch die Dickung zu wechseln. Ähnlich »instinktgeprägt« geht die Politik vor. Wenn das Protokoll einen »kurzen Spaziergang« des Kanzlers mit dem italienischen Ministerpräsidenten am Brandenburger Tor vorsieht, dann gibt es kein Entweichen. Die Frage ist nur, ob der Schütze bei einem eventuellen Schneetreiben wirklich zum Zuge kommen wird, denn im Unterschied zu einem alten Sechzehnender erscheint der Kanzler niemals allein und eine Verwechslung mit einer

Begleitperson liegt im Bereich des Möglichen. Hier gilt die alte Waidmannsregel: Treffer ist nicht gleich Treffer!

Mit gebotener Bescheidenheit weise ich darauf hin, dass es in Mitte praktisch kein höheres öffentliches Gebäude gibt, zu dem ich nicht Zugang fände. Damit meine ich nicht die ohnehin schlecht gesicherten, weil chaotisch verwalteten Baulichkeiten der Humboldt-Universität am Bebelplatz und Unter den Linden oder die FDP-Parteizentrale in der Mohrenstraße. In solch verlodderten Häusern kann man sich gefahrlos tagelang unbefugt aufhalten, Telefone und Faxanlagen benutzen und sich reibungslos in den Betrieb einschalten. Am germanistischen Institut habe ich einmal eine Woche lang an allen Sitzungen der Institutsleitung teilgenommen, und als ich wegen anderer dringlicher Verpflichtungen einen Tag lang unterbrechen musste, wurde ich am nächsten Morgen gefragt, ob ich krank gewesen sei ... Ich habe die Fähigkeit, überall jederzeit hineinzukommen, sowohl in der DDR als auch unter den gegenwärtigen herrschenden Bedingungen hart trainiert und trainiere sie täglich. Für heute beispielsweise habe ich mir »das Uhrenhäuschen« im Turm des Roten Rathauses vorgenommen – eher aus sportlichem Interesse, denn dort würde nur ein Lebensmüder ansitzen. Viel besser eignet sich der etwa 200 Meter Luftlinie entfernte Balkon des Schauspielers Erwin Geschonneck (der ihn aber nicht freiwillig zur Verfügung stellen würde). Auf sogenannte »ideale Ansitze«, die jeder Streifenpolizist kennt – also z.B. den Deutschen und den Französischen Dom am Gendarmenmarkt – verschwende ich keine Kraft. Wozu das Schicksal herausfordern? Natürlich wäre es naheliegend, das fragliche Objekt am Gendarmenmarkt »zur Strecke zu bringen«, wie wir Jäger sagen, denn es pflegt dort Spaghetti zu speisen. Aber nicht umsonst sind sogar die Penthouseetagen rund um den Platz an V-Leute vermietet. Die Geschichte der großen Attentate lehrt: Sie sind immer dann erfolgreich gewesen, wenn das Objekt mehr aus Neigung, denn einer Pflicht folgend im Schussbereich weilte. Es bietet dann einfach mehr Breitseite.

Ich mache nicht viel Aufhebens von meinem Können; es haftet ihm nichts Mystisches an. Ich folge keinem »siebenten Sinn«: So wie ein guter Schreiner einen makellosen Tisch bauen kann, komme ich eben ungeschoren auf das Dach der Staatsoper, während unten allgemeine Sicherheitslage herrscht, weil der Kanzler NATO-Generäle im Palais Unter den Linden empfängt.

Begonnen habe ich spielerisch. Zuerst schaffte ich es, in der Komischen Oper der Premiere von Cosi fan Tutte in der legendären Inszenierung von Harry Kupfer und der anschließenden Premierenfeier beizuwohnen, ohne dass mich eine Menschenseele eingelassen hätte. Die Trauerfeier für Heiner Müller im Berliner Ensemble war schon ein schwierigeres Stück. Doch jedes öffentliche Haus hat Gänge, Kanäle, Aufzüge, Kammern usw., die nicht bewacht werden können. Besonders »verletzlich« sind die Küchenbereiche und die Rampen für die Anlieferung der Waren. Alte repräsentative Gebäude wie das ehemalige Reichsluftfahrtministerium haben »vergessene« Pforten, von denen die jetzigen Eigner zum Teil nichts mehr wissen, die effektheischende Architekten sorglos und nachlässig überbaut haben, die in keinem Wachplan mehr verzeichnet sind oder über denen Bewachungskameras angebracht, aber nie in Betrieb genommen wurden. Selbst im neuen Reichstag, da bin ich sicher, werden sich nach einigen Jahren des »eingefahrenen« Betriebes »vernachlässigte« Nischen herausbilden, die ungebetene Gäste, wie mich, aufnehmen können: Es fängt an mit Besenkammern, Müllecken und den Aufenthaltsstuben der Putzfrauen. Überall schafft sich das Personal seine privaten Freiräume.

Der Umbau der Berliner Mitte ist noch nicht abgeschlossen. So genannte Stararchitekten werden – wahrscheinlich bedrängt von den Sicherheitsexperten – manche schöne Schussachse mit weiteren Bürotürmen verbauen. Aber unversehens werden sich neue Schneisen auftun. Die Stadt ist unberechenbar wie die Natur – bildet sich ein Dickicht, tun sich an anderer Stelle überraschende Durchblicke auf. Schön wäre eben nur, wenn bis zu meiner Berentung die Resultate meines Schaffens diesem oder jenem nützlich sein könnten. Dank erwarte ich keinen.

SCHON EIN ZIEMLICHES SCHWEIN

Gestern gab's Zeugnisse in Berlin und anderswo. Der Staat benotet, wie die kleinwüchsigen, aber vollreifen Erwachsenen ein Jahr lang in der Dickschicht aus Durchstecherei, Anbiederei, Betrug, Desinteresse und geheucheltem Interesse, Gewaltandrohung und verbalem Dreck überlebt haben. Wie sie krähende Lehrerinnen und notgeile »Kerngruppenleiter«, verstopfte Klos und infantile Wandbemalungen ihrer Sponti-Pädagogen im Treppenhaus überstanden haben. Um die Leidensfähigkeit des Kleinmenschen zu würdigen, braucht der Staat längst keine »Kopfnoten« mehr. Ob Chemie, Englisch oder Sport – das alles benotet nur noch das Survival-Potential der pubertierenden Autisten. Überleben ist alles.

Dass im Ursprungsland des Untertanengeistes, in Brandenburg, nun die DDR-Disziplinnoten »auf Wunsch der Elternschaft« wieder eingeführt werden, verblüfft nicht. Denn da steckt die Sozialdemokratie dahinter. Sie hat es gern, wenn gleiche Maßstäbe herrschen. Das versteht sie unter Gerechtigkeit. Im Grunde sind »gleiche Maßstäbe« seit August Bebel ihre einzige Vision. Zweitens weiß niemand besser, was Training der Anpassungsfähigkeit bedeutet, als Stolpe. Und die paar Unternehmer sowie die eifrigen Mamas und Papas wünschen sich ein Instrument der schärferen Auslese, wer noch um Anstellung betteln muss und wer gleich die Alkoholiker/innen-Karriere eines Sozialhilfeempfängers einschlagen darf.

In diesen Tagen hat der Staat wieder »Hotlines« geschaltet, wo Schülerchen anrufen soll, bevor es in Marzahn vom Elfgeschosser einmal im Leben den freien Flug übt und *Bild* die Zeilen hinterlässt »... es ist wegen Mathe und Jeanette«. Bei den evangelischen Sozialarbeiterinnen, die dort Dienst tun, hört man den Damenbart über die Sprechmuschel kratzen; einem Suizidwilligen müsste das eigentlich den Rest geben. Sie sagen dem Looser, dass die Omi bestimmt traurig wäre, wenn ... und doch alles nicht so schlimm sei. Und haben sie nicht Recht? Oma wäre traurig – und es wird noch schlimmer kommen.

Noch wissen ja die Kinderchen nicht – und das kommt auch nicht mehr dran –, was wir Großen wissen: Egal, wer du bist, du bist überflüssig. Besonders überflüssig sogar im Vergleich zu einem Rind oder einer genmanipulierten Sojabohne. Denn wenn du tot bist, gehst du nicht einmal in eine Nahrungskette ein (es sei denn, du bist Organspender und hast auf diese Weise deinem Leben Sinn gegeben). Leben ist immer – Achtung, sehr sehr böses Wort, ich schäme mich! – unwertes Leben, wenn es keiner kauft – und es kauft doch keiner. So gesehen kann gerade ein Einser-Abitur einen fürs Leben erledigen. Sollen wir das alles bereits jetzt den Kleinen sagen – oder soll das unser süßes Geheimnis bleiben?

Kriegt man noch jemand an Stöchiometrische Gleichungen – oder wie dieses Folterinstrument heißt – und die Paragraphen des Grundgesetzes, wenn er wirklich begriffen hat, was ihn erwartet?

Die größte Lüge, die bis heute eine verschworene Erwachsenenschaft erzählt – allen voran die Kultusminister – heißt: Wer bessere Zeugnisse hat, kriegt leichter Arbeit. Die Mädchen wollen alle Abitur machen, damit sie als »Hotelfachfrauen« in der Absteige die Betten lüften und den Bindeneimer raustragen dürfen.

Man kann drauf warten – oder ist es schon passiert? Immer, wenn es Zeugnisse gibt, springt ein Hinterbänkler auf und »fordert die Werte ein, die unsere abendländische Kultur bestimmen«. Dabei ist in der Schule viel davon zu kriegen. Keiner verlässt den Schulhof, ohne begriffen zu haben, dass »Leben und leben lassen«, sowie »Auge um Auge, Zahn um Zahn« die Grundgesetze der westlichen Zivilisation sind. Sie gelten wie das Newtonsche Fallgesetz oder der Dreisatz. Sie machen den jungen Staatsbürger reif für jede verfügbare politische Richtung oder Partei. So ein Rüstzeug mitzukriegen ist nicht wenig. Und man kann es ja nicht lernen, sondern man muss es mühsam über Jahre hinweg einem verschlagenen pädagogischen Personal abgucken.

Alles andere – Nächstenliebe, Opferbereitschaft, Gerechtigkeitssinn und so – gehört in die »Heidi«-Bilderbücher der Großeltern. Ein Pädagoge, der nicht frühzeitig das Bildungsziel: »Geld und Sexualproviant!« an die Tafel schreibt, darf sich nicht in der Tradition Pestalozzis wähnen. Denn er belügt Zöglinge.

Es soll ruhig weiter Zeugnisse geben. Aber anstelle von Nummern sollten aufmunternde Bemerkungen darin stehen, die den Abstand beschreiben, den das Kind noch zur Erwachsenenwelt hat. Etwa: »Andreas muss kaltblütiger werden.« Oder: »Jennifer soll ihren Körper gezielter einsetzen.« Oder, auch mal anerkennend: »Patrick ist schon ein ziemliches Schwein.«

DAS EHRENAMT

»Mensch, früher«, ruft Heinz – der gar nicht Heinz heißt, sondern Dieter, dessen richtigen Namen wir aber nicht nennen wollen, weil sein Arbeitsgerichts-Verfahren noch schwebt wie ein Zeppelin kurz vor der Selbstentzündung – »Mensch, früher!«

»Tja früher«, sage ich, »früher hatten wir auch noch einen Kaiser.«

Die Zeit, als wir noch einen Kaiser hatten, kennt Heinz auch nicht mehr. Aber wie es war, als wir noch einen Honecker hatten, das wissen wir beide noch: schrecklich! Wenn damals jemand »gesellschaftliche Arbeit« machte, hat sich der Betrieb krumm gelegt. Laienschauspielern, Volkstänzern, Hobbyfußballern, Mundmalern hat er es sonstwo reingesteckt. Er organisierte, finanzierte, schickte auf Lehrgang, lobte in der Zeitung und verschenkte Urkunden. »Gesellschaftliche Arbeit« war manchmal viel lustiger als richtige Arbeit. Auf diese infame Weise wurde natürlich nur die versteckte Arbeitslosigkeit versteckt. Prozentual hatte die DDR – grob geschätzt, sehr grob –

so viele Werktätige in »gesellschaftlicher Arbeit«, wie die Bundesrepublik Arbeitslose hatte. Und wir verfolgten beherzt die Marx'sche Vision, dass immer mehr Leute gesellschaftlich und immer weniger richtig arbeiteten. Vorbei – aber dass es gleich so schrecklich kommen musste ...

Heute heißt die gesellschaftliche Arbeit »Ehrenamt«. Über 20 Millionen Mitmenschen haben irgendein Ehrenamt. Man kann sie loben oder für bescheuert halten, muss sie aber nicht bedauern. Denn Leute, die bei der Sozialhilfe ihren Gutschein für den Wintermantel abholen müssen, sind das nicht. Sie sind spitzmützige Karnevalspräsidenten oder spitzbrüstige Weinköniginnen, strietzen die Jugend B (weiblich) am Barren, sammeln Spritzen oder Alkoholtote aus dem kommunalen Abstandsgrün, kommandieren die Bartnelken in der Kleingartenanlage oder gewähren geschlagenen Frauen und ausgesetzten Hunden Unterschlupf sowie einen Napf Wasser. Sie werden alle von allen Bundespräsidenten inniglich geschätzt und verbal abgeschleckt. Jährlich hängt der jeweils akute Präsident ihnen Dutzende Verdienstkreuze um die Ehrenhälse. Mehr hat er nicht zu verteilen. Deshalb heißt es ja Ehrenamt. Wo der Staat die Hände hebt, ruft er nach Idioten, die es ihm umsonst besorgen.

So ein Idiot ist Heinz. Gleich nach der Wende hat er in einem winzigen Nest nördlich von Berlin den LiLa e.V. – den Literatur-auf-dem-Lande-Verein – gegründet. Für so eine Dummheit hätte er natürlich sofort entmündigt werden müssen. Oder noch schlimmer gestraft. Vielleicht durch zwangsweise Anhörung einer Lesung siebenbürgerschwäbischer Dissidentenlyrikerinnen! Denn die Literatur gehört natürlich nicht aufs Land, wo arbeitslose

Bauern im Fenchelbeet stochern, sondern ins Buch, wo man sicher sein kann, dass sie nicht stört.

Sehr hat sie auf dem Lande eigentlich auch nicht gestört. Denn zu den Lesungen ins Spritzenhäuschen verirrten sich nur ein paar alte Weiber, die dachten, es würden Übertöpfe verschenkt oder Büchsenöffner.

Gestört an der LiLa haben sich eigentlich nur die Herren Plisch und Plum. Plisch und Plum, die sehen nur so aus, heißen aber anders. Ihr Pseudonym ist wichtig, um sie vor dem Zorn der Freunde der Literatur auf dem Lande zu schützen. Denn sie haben Heinz, unseren Vereinsvorsitzenden, auf dem Gewissen! Wenn Heinz gewusst hätte, was ihm bevorsteht, hätte er sicherlich die Finger von der Literatur auf dem Lande gelassen und das Land jener Macht überlassen, die es seit einigen Jahren im Griff hat — dem Alkohol.

Plisch und Plum sind die Spezis von Herrn Fettback, dem Chef der berühmten Wurschtbude. In der ist der Heinz fünfundzwanzig Jahre lang den Salmonellen und Streptokokken hinterhergerannt und allem, was sonst noch in die Wurst will, da aber nicht reingehört. Er war das lebende Qualitätssiegel. Schrauben und Zahnprothesen hat er schon aus der Bauernsalami geholt. Er passte auf, dass im Gehackten nicht nur Semmeln steckten und in der Brühwurst, der die Klitsche ihren Ruf verdankt, nicht nur Stabilisatoren und Geschmacksverstärker.

Plisch und Plum haben einen Spezialauftrag: Sie suchen nach gerichtsfesten Gründen, mit denen man Leute ohne Abfindung vor die Wurstfabrik setzen kann. Das eingesparte Geld gehört natürlich dem Herrn Fettback. Aber Plisch und Plum sind auch nicht auf der Wurstsuppe hergeschwommen. Wenn sie an den Wochenenden in ihre westfälische Heimat fliegen, können sie ihren Muttis zeigen, was auch sie daran verdient haben.

Ha, wird jetzt mancher denken. Da ist es aber bei den Wurstmaxen schon weidneinbeese – wie der Sachse sagt –, wenn schon solche Typen durch den Betrieb schleichen – da würde ich mich ja gruseln! Wer so denkt, hat in seiner Bude nur noch nicht richtig hingesehen.

Eines Tages hatte das Duo den Heinz endlich entlarvt. Sein ganz persönlicher Kündigungsgrund heißt »Ehrenamt«. Marita, seine Frau, sah den Brief zuerst und kriegte nasse Augen. Heinz sei gekündigt, fristlos, hieß es da. Und der Denunziant stand auch dabei: Albert Knuffke.

Knuffke ist der Boss des Scheuergeschwaders, das bei Fettback die Fleischwölfe reinigt. Knuffke ist ganz sehr angewiesen darauf, dass seine Firma auch im nächsten Jahr wieder in der Wurstbude die Messerchen pinseln darf. Denn Wurstbuden gibt es im Umkreis von hundert Kilometern nicht mehr. Knuffke gibt für Plisch und Plum zu Protokoll: Heinz, der Ehrenämtler, sei ihn um eine Spende für die Literatur auf dem Lande angegangen. Angeblich ein »guter Zweck«! Knuffke gibt empört seiner Empörung Ausdruck. Heinz habe ihn unter Ausnutzung seiner Dienstellung als Gütekontrolleur zum Sponsoring auf das Vereinskonto genötigt und sich damit »persönlich bereichern« wollen.

Persönlich? Klapp-Stühlchen wollte Heinz von Knuffkes Spende kaufen, auf dass die alten Frauen sich nicht den Steiß verklemmen, wenn Frau Steineckert liest! Heinz schäumt, Marita weint. Ossis begreifen eben spät: Bereicherung zum Wohle der Gesellschaft ist in unserer Zivilisation nicht vorgesehen. Bereicherung ist immer persönlich, total persönlich. Vielleicht ist sie sogar das einzige, was noch persönlich ist.

Für den Dienstagmorgen war Heinz zum Arbeitgeber einbestellt. »Ich kläre das! Das wäre doch gelacht!«, trompetete Heinz noch beim Frühstück. »Fettback war doch selbst schon bei uns in der Literatur auf dem Lande, weißt du noch! Bei dem Lyriker Urs Gantenbein ist er eingeschlafen. Aber es hat ihm super gefallen, hat er gesagt.« Marita weinte leis dazu.

Am Haupttor erkannte der Pförtner den Heinz plötzlich nicht mehr. Eine rätselhafte Krankheit hatte ihn quasi über Nacht befallen: Sechsundzwanzig Jahre lang hat er ihn jeden Morgen gekannt. Jetzt bestellte er über Sprechfunk eine Begleitwache vom Betriebsschutz. Heinz reckte die Arme vor und verlangte, in Handschellen gelegt zu werden. »Sie sind mir der Richtige«, sagte der Wachmann müde. Das klang wie: Erst unseren Herrn Knuffke erpressen und jetzt auch noch den Clown spielen!

Beim Betriebsrat saß der Betriebsrat und rief ab und an ohne besondere Leidenschaft aus: »Eine Schande ist das! Eine Schande!« Damit konnte er es sich weder mit den Herren Plisch und Plum, die zahlreich erschienen waren, noch mit Heinz verderben. Plisch sagte, es lägen noch diverse andere Nötigungen durch Heinz vor. So zum Beispiel habe er die Kollegin Else W. von der Knackerlinie zu einer Lesung mit dem jungen Literaten Eddi Külow verleitet, indem er behauptete, Külow sei ein »toller Hecht«. Damit habe er Else, die seit Jahren von Männern gemieden wird, für die Lesung gefügig machen wollen.

Plum rückte dann mit dem Vorschlag raus: »Wenn Sie auf die Abfindung verzichten, machen wir aus der fristlosen eine ordentliche Kündigung und sie gehen als unbescholtener Wurstwerker nach Hause. Vielleicht sogar mit Dankschreiben von unserem Herrn Fettback. Und einer unserer beliebten Sojasalamis mit Ingwer-Aroma!«

»Die Sojasalami? Ihr habt wohl 'ne Macke«, schrie Heinz, der weiß, was in dem Ladenhüter drin ist. Das war aber das einzige Mal, dass er in dem ganzen Verfahren die Beherrschung verlor.

Plisch versuchte es noch einmal: »Bedenken Sie doch die Folgen für Ihr Ehrenamt und die Literatur auf dem Lande! Ein Vereinsvorsitzender, der wegen Epressung in Tateinheit mit Nötigung und Diebstahl staatsanwaltschaftlich verfolgt ...«

»Ach, Diebstahl wollt ihr mir jetzt auch noch anhängen«, bemerkte Heinz und kicherte irre.

»Ja«, sagte der Herr Plum. Bei der Kontrolle der Einzelgesprächsabrechnungen für das Jahr 1996 sei man auf eine Nummer gestoßen, die dienstlichen Belangen nicht eineindeutig – er sagte eineindeutig! – zuzuordnen gewesen sei. Herr Plisch habe daraufhin dankenswerterweise einen Probeanruf unter dieser Nummer getätigt und es habe sich ein weibliches Organ mit den Worten »Kino-Eule, wat issn?« gemeldet. Tatsächlich sei eine Alleinunterhalterin unter diesem Pseudonym im Sommer 1996 im Spritzenhäuschen aufgetreten.

Heinz wurde abgeführt. »Eine Schande ist das, eine Schande«, winselte der Betriebsrat.

Auf dem Gang gab es eine Begegnung der wunderbaren Art. Herr Fettback stürzte auf Heinz zu, übersah dessen Bewachung und rief: »Wie gehts denn, lieber G.? Wissen Sie noch – Gurs Entenbein! Super, der Mann!«

»Ich bin gefeuert«, sagte Heinz. Fettback fand gerade noch Zeit zu trompeten: »Aber nicht doch. Ich sage immer:

Auch die Brühpolnische wird nicht so heiß gegessen, wie sie gekocht wird.« Da schleppten sie Heinz schon hinaus.

Zur Überraschung von Marita war Heinz, als er ihr berichtete, ausgesprochen guter Dinge. »Das alte Prinzip – wenn das der Führer wüsste«, rief er. »Fettback ist fast aus dem Anzug gehüpft, als er gemerkt hat, was Plisch und Plum da angestellt haben. Das werden wir noch sehen, wer hier gefeuert wird – die oder ich!« Marita weinte leis dazu.

Von jetzt an verbrachte Heinz die Tage und Nächte neben dem Telefon. Wenn er seine Notdurft verrichtete, musste Marita für ihn wachen. Jeden Moment konnte Fettback anrufen und würde sagen: »Übrigens, lieber G. – das mit der Entlassung, das ist natürlich von der Schlachteplatte, sozusagen. Wir Literaturfreunde lassen uns doch nicht auseinander dividieren – wissen Sie noch, dieser Ars Guntenfuß? Super, der Mann!«

Gestern tagte der LiLa e.V., Heinz war nicht da. Aber ein Brief von seiner Hand: Er könne nicht kommen, warte auf einen dringenden Anruf, und wir sollten ruhig einen neuen Obmann für die Literatur auf dem Lande wählen, bis die ganze Scheiße geklärt sei.

Neun aussichtsreiche Kandidaten – neunzig Prozent der Mitgliedschaft – lehnten das Ehrenamt dankend oder bedauernd, immer aber sehr bestimmt ab. Zum Schluss kam die Reihe an mich. Doch ich bin zwar Ossi, aber nicht blöd. Und ich habe noch einen Job zu verlieren.

Heinz hat aber auch seinen Stolz: Er und Marita rühren seitdem keine Würste aus Fettbacks Bude mehr an, nur noch echte Thüringer. Sie schmecken ihnen ganz vorzüglich, behaupten sie. Denn Rache ist Blutwurscht!

AB, INS BIO-LOCH!

Wenn der Biolek einen »Promi« abkocht, bin ich stets dabei. Andere treten in dieser Zeit ihre Kinder oder schänden ihren Hund; auch ich bin ganz gern mal pervers: Bios Eichelhäher-Gelächter – käckäckäckäck – geht mir auf die Nerven, und was die Typen wie Hera Lind oder Achim Mentzel da zusammenschmoren, das möchte ich nicht riechen, geschweige fressen müssen.

Ich warte nur auf den einen Moment: Wenn Bios prominenter Kochlöffel dasteht, einen abgefressenen Brokkolistrunk oder eine bis aufs Blut abgeraspelte Möhre in den Händen, und fragt mit aufsteigender Panik in der Stimme den Meister: »Wo kommt das hin?«

Das ist Bios Höhepunkt. Wahrscheinlich lässt er nur Kram zusammenkochen, wo Strünke, Stängel oder Griebsche übrig bleiben. »Käckäckäckäck«, kleckert es aus ihm heraus, »ab, ins Bioloch!«

Der Witz ist gut; der Mann ist ein bekennender Schwuler, lässt sich neckisch Bio nennen und bringt auf diese Weise pro domo immer eine analische Anmutung in seine Kochorgie. Also, ich finde: Eleganter kann man fürs Fernsehen seinen Hintern nicht hinhalten.

Sein Bioloch erinnert nur noch mit seiner tradierten Lochstruktur an das hölzerne Trockenklo auf dem Treppenabsatz bei meiner Großmutter. Es schimmert wie ein Hightechobjekt aus der Weltraumforschung, ein Überbleibsel von Reagans Star-Wars-Programm. Wahrscheinlich ist es aus Platin oder Titan, hat Internetanschluss, arbeitet mit lasergesteuerten Sensoren und der sagenhaften Neigetechnik. Geräuschlos tut es sich auf, um seiner Bestimmung zu folgen: Loch, endlich Loch sein zu dürfen. Und mit einem schmatzenden »käckäckäckäck« schließt es sich und die Welt der Gärung, Schimmelbildung und Verwesung vor uns ab.

So weit ist es mit dem Biologischen gekommen! Es ist übers Bioloch verduftet: Schleimige Käfer, aasige Dämpfe, Gewürm und eitrigblutiges Gekröse – wir verlochen alles, was daran erinnert, dass wir aus Dreck kommen und irgendwann zu Dreck werden.

Berlin – ein einziges aseptisches, porentief reines Bioloch! Und dazu die polierten Fressen!

Vor zwanzig Jahren sind die letzten Versprengten der Grünen Armee noch in Jutesäcken und auf Korksandalen durch die Botanik gesprungen und haben den Moder gerochen, den Sand zwischen den Zähnen geschmeckt, in dem sie vor Kernkraftwerken und Endlagern auf der Lauer lagen oder pfadfindermäßig zur Gittarre weinten. Was haben die uns gelangweilt und gequält. Durch Langeweile gequält: Garzweiler, A20, Gorleben, Castortransporte. Es gab nur eine Chance, zu verhindern, dass sie noch unsere Kinder und Enkel mit diesem Zeug traktierten: der allgemeine Gebärstreik.

Und so ist es gekommen. Heute tragen sie den Bauchnabel passend zu den Westenknöpfen und den Kopf passend zum Binder und feiern die vergreiste Gesellschaft. Sie sind gerade dabei, sich unter das Restmüllaufkommen einzusortieren. Jürgen Trittin – ach, wie viel Leben steckt da doch in einer Specki-Tonne, die auf einem Neuköllner Hinterhof vor sich hinsaftet.

Nun stehen sie da, die Grünen, in des Meisters Küche und fragen: »Wo kommt das hin?« Und überm Sensorik-Herd erhebt sich ein käckerndes Gelächter.

HERAUSRAGEND SOZUSAGEN

Die Gunda wird mir fehlen. Ich weiß, Ergebenheitsadressen an Damen soll man tunlichst nicht mit dem Verweis auf deren körperliche Extravaganzen verbinden, denn das ist sexistisch, und was sexistisch ist, ist frauenfeindlich – auch wenn ich das nie begreifen werde. Aber an Gunda reizte mich von Anfang an die Länge, nichts als die Länge. Frauen, die den Türrahmen in der Höhe ausfüllen, bin ich bereit, viel nachzusehen. Sie sind im Haushalt vielseitig zu verwenden, wozu andere eine Hitsche brauchen. Und im Garten holen sie selbst die höher hängenden Pflaumen. Ich würde sie sogar wählen, wenn es ansonsten nur kürzere gibt.

In diesen Tagen, allda eine von ständiger Auszehrung an den Rand des Hungerwahns getriebene grüne Restmeute das schöne Gnu Gunda reißen wird, hat Gunda selbst noch einmal ihre Länge ins Spiel gebracht – die Waffen einer Frau: Sie sei, neben Biedenkopf, bei den Sachsen das bekannteste politische Subjekt, herausragend sozusagen. Und sie dürfe doch hoffen, flötete sie, dass die WählerInnen ihr dies entgelten. Das haben sie, und zwar nach dem Motto: »Die kenne ich, die wähl ich nicht.« Manchen war sie vielleicht schon wieder zu lang – verstehe einer die Sachsen!

Gunda kommt, wie alle ordentlichen Menschen, aus dem verborgenen Widerstand gegen das DDR-Regime, dem sehr verborgenen. Sie war zwar Lehrerin, aber innerlich dagegen. Ein Blatt hat einmal Familienfotos von ihr veröffentlicht: Gunda mit Kind und Gatten beim FDGB-Ostseeurlaub, Gunda vor Schrankwand, Gunda schwer verliebt. Bilder des Jammers, durch die ein unsichtbarer

Stacheldraht gespannt ist. Wahrscheinlich haben wir Zonis damals alle so elend ausgesehen, nur: Gunda hat es gefühlt! »Ich habe es nicht mehr ertragen«, erinnerte sie sich nach ihrer Wahl zum Telegrafenmast der Grünen durchaus glaubhaft und gab somit auch der Welt eine Erklärung, warum es im Osten zum Aufstand kam. Von da an – das war noch lange, bevor der Liter bleifrei fünf Mark kosten sollte – fungierte sie nicht nur als weibliche und ostdeutsche Quotenpflanze, sondern auch als antikommunistische Sprecherin ihrer Partei. Keine kann »Gysi« mit so viel Ekel sagen wie sie. Und sehr von oben herab.

Aber sie brachte auch die Gemütlichkeit ihrer sächsischen Heimat in die windige Politik ein. Wenn das Röstel in Talkshows nett gebeten wurde, griff es spontan – wie damals beim Strandfeuer im Ostseeurlaub – zur Gitarre und sang ihr einziges Lied, und das war widerständigerweise nicht von F. Schöbel, sondern von J. Lennon. Dabei lag es reichlich einen halben Ton daneben, was die Gitarre aber nicht wissen konnte. Aber das passte, denn sie hatte ja angekündigt: »Ich kann und werde es nicht jedermann recht machen.« Heute, wo wir Abschied nehmen, möchten wir, die Freunde langer Frauen, ihr zurufen: Sing's noch einmal, Gunda!

Die Lausitzer Rundschau wollte einmal fürwitzig wissen, was bei Röstels zu Hause am Wochenende, nach der langen Arbeitswoche in Bonn, so abgeht. Die Antwort war wie das Leben, knallhart und doch mit viel Raum zum Wandern: »Das Wochenende werde ich in Flöha ganz in Familie verbringen. Ich werde mich mit meinem Mann austauschen und dann ist die Wäsche zu waschen, Unkraut zupfen ist dringend notwendig. Am Sonnabend ist Faulsein angesagt. Abends werden wir ins Großraumkino nach

Chemnitz fahren. Sonntag ist bei schönem Wetter ein Ausflug entlang des Hetzelbachtales vorgesehen. Die Regenvariante bedeutet: Wir werden mit den Kindern Scrabble spielen.«

Damals fragten sich alle Deutschen guten Willens, denen das Ende von Bündnis 90 am Herzen lag: Ein prima Wochenende – doch wann ist bei Röstels Sex angesagt? Der wäre doch auch was für die Regenvariante! Verbirgt der sich etwa in dem Satz: »Ich werde mich mit meinem Mann austauschen und dann ist die Wäsche zu waschen?« Wir, die Fans des ökologischen Projekts, hofften es damals inständig.

Jetzt kehrt Gunda endgültig heim. Ihre Paukerstelle ist noch frei – da hat sie in den letzten Wochen, zupackend, wie Grüne sind, eine Ausnahmeregelung für sich erkämpft. Wenn sie mittags aus der Schule kommt, wird sie Scrabble spielen oder im Hetzelbachtal wandern. Und wer wird jetzt so wunderbar kalt kleinen, dummen, dampfenden Reportern auf die Scheitel spucken?

Gunda, Du wirst mir fehlen. Ich werde noch manches Mal nach oben schauen, in der Hoffnung, dich zu sehen.

Doch auch dieses Weh wird einst vergehn ...

LEERE IN DER SPALTE

In solchen Momenten kriegt Pfarrer Rainer Eppelmann immer unsäglichen Hunger, den er »Kafffedurscht« nennt. Der Schweiß rinnt ihm in die Socken, und allein der Gedanke, dass die Demokratie ein heiliges Gut ist, hält ihn auf dem Stuhl. Er ist nun mal zu Höherem geboren, als sich in Seelow, kurz vor Polen, von einfältigen Gemüsegärtnern damit belämmern lassen zu müssen, dass abends zu selten ein Bus nach Dolgelin fährt. Eigentlich muss Eppelmann nämlich immer noch die SED-Diktatur entlarven (jetzt umso mehr, wo die SED wieder Staatspartei werden will). Und wenn er das nicht tut, muss er in der Nähe seines Kanzlers herumtrippeln und nicken, dass die Halswirbel knirschen. Und wenn er das nicht tut, muss er an seinem Ost-Prolo-Image basteln, sein Bürgerrechtlerknebelbärtchen knebeln, seine Feinde zählen – und beten, und sich ein bisschen die Eier schaukeln muss er ja manchmal auch.

Aber der Fenchelbauer aus Seelow ist nun mal seine Basis. Und die ist schrecklich klein geworden. Eigentlich besteht sie nur noch aus einigen »stadtbekannten Originalen«, wie man überall liebevoll die Leute nennt, die man am besten in Ruhe lässt, weil ihr Spleen nicht weiter stört. Wenn Eppelmann einen »Auftritt bei der Basis« hat, muss er wochenlang vorher die Organisationsgenies im Potsdamer CDU-Landesvorstand anbrüllen, muss mit Kohl drohen oder mit Stasi-Akten – und dann sitzt er doch meistens mit seinem Kaffeeholer und dem jeweiligen CDU-Ortsgruppenführer allein im Saal. Die PDS in diesem Landstrich hat die Parole ausgegeben: »nicht mal ignorieren!« – und das scheint zu funktionieren. Die Leute hier nehmen dem Pfaffen noch immer die letzte Bundestagswahl übel, als er – statt auf »die Kraft der Basis« zu vertrauen – die CDU-Deppen, die ihm mit Handzettelchen und Info-Ständen Liebes antun wollten, vor den Kopf stieß und seine bandenmäßig organisierte Drückerkolonne einrücken ließ, die über Nacht noch jedes freistehende Dixie-Klo mit Rainer plakatierte.

Weil ihn in seinem Bürgerbüro in Seelow kein Schwein mehr besucht, hat sich Eppelmann pressewirksame lokale Aktivitäten ausgedacht. Zum Beispiel steht er gelegentlich schwitzend am Grenzübergang zu Polen und zählt die Pkw in der Warteschlange, wobei er bei jedem zehnten Auto sichtbar zorniger wird. Das Parteiblatt »Märkische Oderzeitung« ist begeistert von dieser bürgernahen Aktivität. Aber die Leute lachen nur darüber. Denn wie lange Eppelmann auch zählt – die Schlange wird nicht kürzer.

Zuletzt war dem Eppelmann sein Wahlkreis 227 (Strausberg, Fürstenberg und Seelow) so zuwider, dass er ihn ganz tief in sein Unterbewusstsein versenkte (wo schon andere Schweinereien ruhen dürften, beispielsweise seine informelle Tätigkeit für mehrere Geheimdienste). Er fuhr in den Urlaub und »vergaß«, sich für die Bundestagswahl bei der Wahlbehörde rechtzeitig anzumelden. Psychologen beschreiben solche »Vergesslichkeiten« als Selbstheilungsstrategien der Seele zur Bewältigung von Traumata. Reflexhaft nahm Rainers Bürgerrechtler-Psyche Rache für die Kränkungen durch das gemeine Volk der Ackerbürger. Das heißt, es ging ihm am Arsch vorbei. Auf dem Wahlzettel wird am 27. September die Spalte für den CDU-Kandidaten leer bleiben. Eine große Leere wird sein.

Natürlich brüllte Eppelmann herum und forderte die standrechtliche Erschießung des Kreisgeschäftsführers, eines jungen, netten Menschen, der ihm immer brav den Kaffee geholt hatte. Natürlich vermutete er innerparteilichen Hinterhalt, Sabotage an seiner edlen Person, mithin am Ideal des Christlichen schlechthin. Der Landesvorstand spricht bitter von einer »Katastrophe«. Inzwischen sickerte durch, dass Eppelmanns kaltschnäuzige Verachtung für Seelow und Umgebung nicht wenig zu der

Blamage beigetragen hat. Aber »deshalb jetzt zu sagen, ich ziehe mich aufs Altenteil zurück, das würde nicht weiterhelfen, im Gegenteil«.

Im Gegenteil – das würde Eppelmann nicht weiterhelfen. Und seinen Wählern nicht nützen – wer soll dann kurz vor Polen die Autos zählen? Eppelmann kommt über die CDU-Landesliste in den Bundestag. Die Demokratie kann aufatmen.

MIT GAUCK FORMULIERT

Manchmal weiß der Joachim nicht recht, wer er ist. Jedenfalls steckt seit der Wende mehr in ihm, als vorher drin war. Manchmal ist er nur der Kalfaktor für die Akten, der gute Geist, der im Leseraum die Stühle gerade rückt. Andernmal brünstelt der Bürgerrechtler aus ihm, und der lässt ihn Dinge sagen, die den Aktenverweser in ihm erstarren machen. Kühn in der Form und transzendent wird seine Rede, wenn der Pfarrer aus dem Bürgerrechtler lugt. Oh, der öffnet nicht nur Akten, der lässt uns eintreten in den Gefühlshaushalt der geschundenen Seelen, die jetzt endlich den »Mut haben, sich als Opfer zu sehen«, selbst wenn ihnen bisher gar nicht danach war. Der lockt uns in die Küche, in der die Bärbel weint, und führt uns an das Bett, in dem die Vera erkaltet.

Und wenn wir die *Berliner Zeitung* (8./9.2.) des Allerwelts-Talkers und Brillenknautschers Böhme nicht hätten (»in meiner Berliner steht heute ...«), dann wüssten wir gar nicht, wie bestürzend tief so ein Gauck zu formulieren weiß, wenn er »endlich selbst bereit ist, den Entwürdigungsvorgängen neu zu begegnen«, will sagen »Lebenswirklichkeiten durchzuhalten« – falls jemand weiß, was er meint ... Was dem Mann aber auch nicht alles passiert. Er geht da so für sich hin in der Behrenstraße, eine Aktennummer murmelnd, die er bis zum Schreibtisch nicht vergessen darf, da: »Es greift mich in der Tiefe an ...«! Wo genau, erfahren wir nicht, doch allein, dass da was von unten einfach an den Behördenleiter grabscht, wahrlich – eine »schmerzhafte Begegnungskrise«! Er durchschaut alle, Opfer wie »Betroffene und Zeitgenossen« – so nennt er die Stasischweine gelegentlich liebevoll, wenn er sie einlädt, vor einem Tribunal den Moralverkehr zu vollziehen. Vera zum Beispiel. Die schaut noch »der Öffentlichkeit ins Auge«, während sie »eigentlich was ganz anderes möchte, das sie vielleicht in der Tiefe der Nacht getan hat«. Was hat sie denn in der Nacht gemacht, wo doch jeder weiß, dass dieser Knud (der mit den – lt. *Spiegel* – »toten Knöpfen« im Gesicht) fernab im Thüringischen imkert? Der Seelsorger ahnt es und Ahnung macht beredt.

Bezüglich Bärbel hingegen greift er offensichtlich auf Fakten zurück, wenn er prophezeit: »Ich weiß, sie wird noch öfter kommen ...« Und gerade das hätte niemand ihr zugetraut! Leute, denen es um das Durchhalten von Lebenswirklichkeiten zu tun ist, »kommen« nicht einfach so. Joachim weiß, dass sie nach jedem Mal, wo sie früher mal gekommen ist, anders denkt. Wer kann das schon von sich behaupten? Oder Ulrike. »Die geht einfach vor die Kamera und hält ihr Gesicht hin.« Man denke, das Gesicht! Und nur Joachim sieht, dass es eine »geschädigte Seele« verbirgt.

»Wir sind einmal einem Irrtum erlegen in Deutschland, nach '45. Wir möchten es noch einmal anders versuchen.« Was denn nun – nochmal anders einem Irrtum erliegen?

Nein, gemeint ist wohl, dass die Begünstigten der Nazis die Begünstigten der deutschen Demokratie geblieben waren, während die Begünstigten des MfS »aus politischen Gründen von diesen Positionen der Begünstigung entfernt werden«. Da müssen natürlich neue Leute her. SPD-Geronto Vogel definierte kürzlich in einem URANIA-Vortrag die zeitgenössische deutsche Elite. Es war zu befürchten: Bärbel Bohley gehöre zu denen, bei denen »Kompetenz, Kreativität, Willenskraft und Zähigkeit mit solidarischem Verhalten gepaart sind«. Zäh wie Leder, unsre Bärbel, und mit was für einer Willenskraft sie auf IM Gregors Anruf wartet. Wenn Hänschen nun noch wüsste, was Joachim weiß, nämlich dass sie noch öfter kommen wird ...

»Deutsche, die an meiner Seite stehen«, nennt Führungspfarrer Gauck solche Helden des Widerstands. Auch wenn die in den Augen der westlichen Öffentlichkeit »immer mickriger« werden – »aber das muss uns ein Stück egal sein«. Ein neues Ich spricht aus Joachim Gauck: der Politiker, der die Deutschen nicht nur siegreich in die Akten hinein, sondern auch nicht wieder aus ihnen herausführen kann. Die Täter, diese ehemals Begünstigten der Berliner Müllabfuhr, hocken derweil in den Kneipen. »Was brüten die wohl in ihrem Kopf (!) aus? Nicht das, was ich mir wünsche.« Auch in meiner Kneipe sollte sich das rasch ändern.

Da fällt mir eine »schmerzhafte Begegnungskrise« ein: Neulich stand ich in der Kaufhalle in der Leipziger Straße. Die tapferen Berliner nennen sie längst die »Bärbel-Bohley-Kaufhalle«, weil die Mutter der Revolution hier zwei Fünfpfennigschrippen und ein Eckchen Schmelzkäse kaufte, bevor sie von Stolpe ins Exil gezwungen wurde. Da kam vom Dienst der Pfarrer Gauck hereingeweht, raffte seine *FAZ* und wollte sich an die Spitze der Kassen-Schlange stellen. »Nee«, sagte die Hausfrau ihm zunächst, »die Akten hammse ja nu, die loofen ihn nich mehr weg.« Ei, dachte ich bei mir, eine Revolution hat stattgefunden, aus dem Opfer, das er war, »auch ohne dass man im Gefängnis saß«, ist kein Begünstigter geworden. (Mal abgesehn von der Begünstigung, dass er in all seinen Ichs, sofern sie tief genug angefasst werden, wirr reden darf. Und wir es lesen müssen.)

BLEIBT, WAS IHR SEID!

Es ist hohe Zeit, den Kämpfern an der unsichtbaren Front auch einmal ein herzliches Dankeschön zuzurufen. Das ist in den Wirren der Revolution vielleicht etwas zu kurz gekommen. Also, Genossen, wo immer ihr gegenwärtig wirkt – beim Verfassungsschutz, in der Gauck-Behörde, als Bodyguard von Manfred Stolpe – ein tief von unten kommendes »Weiter so«!

Keiner hat mehr zum Gelingen der Einheit beigetragen als ihr! Nein, ihr seid nicht mit leeren Händen gekommen. Eure säuberlich geführten Aktenbestände habt ihr säuberlich der neuen Regierung übergeben. Was ihr in temporärer Verwirrtheit angesichts der Demenzschübe eures Generals zerissen habt, habt ihr wenigstens so zerrissen, dass man es wieder zusammenkleben kann. Vielen westdeutschen Brüdern habt ihr damit auf Jahre hinaus täglich eine warme Mahlzeit gesichert.

Und auch persönlich, alle Achtung! Wie ihr eure IMs verpfiffen habt, das hatte Klasse! Und Klasseninstinkt: immer bei den Stärkeren sein, hat der Genosse Berija gelehrt. Wo Gauck nicht durchgesehen hat, seid ihr zum Entziffern herbeigeeilt. Wenn ihr nicht gerade in der Maske wart, um euch glattmachen zu lassen für den Auftritt vor der Kamera. So habt ihr es geschafft, dass die Westler ihren Feind behalten konnten, den sie brauchen wie ihr Deodorant oder ihr Darmregulativ. Denn nichts wird im Westen so gemieden wie der IM, selbst Fußpilz und Aids werden fröhlicher geduldet.

Was wären die letzten zehn Jährchen ohne euch gewesen! Hat Stolpe die Medaille in einem Gästehaus gekriegt oder fand er sie auf der Toilette des Ostbahnhofes in einem toten Briefkasten, in den nicht jeder reinlangen mochte? Hat IM Czerny auch unter dem Decknamen »Gregor Gysi« reüssiert? Mann, war das spannend!

Und ihr habt geholfen, Wahrheit von Lüge zu scheiden! Horden deutscher Philosophen haben sich in den letzten dreihundert Jahren an diesem Problem aufgeräufelt. Dabei ist es so einfach: Wahr ist, was aufgeschrieben steht, sonst wäre es ja nicht aufgeschrieben worden.

Und wie ihr schreiben könnt! Wie ihr das pralle Markttreiben in Gotha beschriebt, als Helmut Kohl an einem lichten Maientag des Jahres 1988 dort spazieren ging! Wie viel Leben steckt in dieser Prosa! Der Kohl, der vor einem Kohl-Geschäft die Leute anquatschen musste, weil keiner mit ihm reden wollte. Und wie ihm Trinker in einer Dresdener Bar den Hintern zudrehten, vor allem die Damen. Und wie er bei einem Spiel Dynamo Dresden gegen Carl-Zeiss-Jena verzweifelt auf der Tribüne hin- und hertrippelte, in der Hoffnung, dass ihn doch noch jemand erkennt! Mit wenigen Federstrichen entsteht so das Weichbild des politisch souveränen DDR-Bürgers. Es sei denn, das Stadion war mit Bereitschaftspolizei in Zivil besetzt, die Bar hatte die FDJ-Kreisleitung gemietet und die Gothaer Bevölkerung war durch Bezirksparteischüler ausgetauscht worden.

Und die tschekistische Kultur lebt: Wolfgang Schäuble nennt die Intrigen um seinen Sturz »wie aus dem Lehrbuch der Desinformation und Persönlichkeitszersetzung«. Gibt es ein schöneres Lob? Und dass ihr nun auch noch Helmut Kohl die Blamage erspart, seine Spender selber zu nennen, ist aller Ehren wert. So wird die CDU recht bald gesunden und ihr bleibt, was ihr seid – Schild und Schwert der Partei.

DER HÄNGEBODENKANZLER

Die Schröders bewohnen eine bescheidene, freilich blitzblanke Mansarde in Hannover. Wenn Gerhard am Samstagmorgen im Feinrippunterhemd aus dem Klofenster schaut, guckt er auf Flaschenglas-Iglus und Altpapiercontainer.

Die Schröders sind eigentlich zufrieden mit ihren Wohnverhältnissen und haben es sich sogar ein wenig gemütlich gemacht. Im Korridor, der ein elender Schlauch war, hat Schröder mit viel Geschick und Wasserwaage einen Hängeboden eingebaut, einen Anus, wie die Trockenbauer fachmännisch sagen. Darunter ist dann jede Menge Abstellraum entstanden – für Federbetten, alte Schuhe, Klaras Fahrrad und so –, den Schröder mit gespundeten Brettern aus dem Baumarkt recht proper verkleidet hat.

Hier erledigt er seine ehelichen Pflichten (in der gesamten Wohnung natürlich, nicht nur unter dem Hängeboden!), spricht mit dem Kind über die Schule und die bevorstehende Pubertät (»Da ist etwas, was die öffentliche Hand nur bedingt steuern kann – und das ist gut so, Klara.«). Dazu summt wohlig die Waschmaschine.

An manchen Tagen wohnt Gerhard Schröder auch in einer Villa in Berlin – schätzungsweise dreißig Zimmer, voll unterkellert – in der nach ihm so genannten »Villa Schröder«. Wenn er dort nach Dienstschluss aus dem Toilettenfenster schaut, sieht er den schönen Grunewald.

Damit es nicht nur draußen, sondern auch drinnen schön ist, hat Schröder eine junge Innenarchitektin engagiert. Sie hat schon in vielen Interviews erzählt, wie sie es ihm machen wird: »Im Korridor in der ersten Etage, der ein elender Schlauch ist, werde ich einen Hängeboden einbauen, stilistisch angelehnt an jenen, den Herr Schröder aus seiner Hannoveraner Mansardenwohnung kennt. Ein Anus, wie wir Architektinnen sagen. Darunter entsteht dann jede Menge Abstellraum für Federbetten, alte Schuhe, Klaras Fahrrad und so, den ich, wenn der Kostenrahmen das hergibt, mit gespundeten afrikanischen Harthölzern aus Afrika verkleiden werde.« Eine verspielte Reminiszenz an jenen Ort, wo Gerhard Schröder seine politischen und mentalen Wurzeln hat.

In der Villa schaut Gerhard Schröder fern, macht sich eine Dose Ravioli auf und heiß, nimmt sein wöchentliches Wannenbad und raucht die Cohiba – was er in Hannover nicht einmal im Anus darf, mit Rücksicht auf Klaras Wellensittich Klara. Oft trifft er sich auch mit Persönlichkeiten in geselliger Runde und spricht sich mit ihnen über die Zukunft des Sozialstaats aus (»Da ist etwas, was die öffentliche Hand nur bedingt steuern kann – und das ist gut so.«).

An den Tagen, die nun noch übrig sind, wird Gerhard

Schröder – vorausgesetzt, er weilt nicht in Japan, in Ostdeutschland oder in einer Ferienpension am Mittelmeer – bald im Kanzleramt an der Spree wohnen, fünfunddreißig Meter hoch über dem Wasserspiegel. Dort hat er auch am Tage einen Traumblick auf die Siegessäule, das Brandenburger Tor und die gerade stattfindenden Demos.

In diesen Räumen – bei Staatsmännern nennt man sie »Gemächer« – wird Gerhard Schröder voraussichtlich alles das erledigen, was unangenehme, seltsame oder für einen Staatsmann unangemessene Geräusche verursacht. Denn die Kanzlersuite ist absolut schallisoliert und abhörsicher. Theoretisch könnte er dort auch schwer unanständige Wörter an die Wände rufen, ganz in Gedanken an Lafontaine, Trittin oder Hillu. Aber wahrscheinlich wird er hier einfach manchmal nur in seinem violetten Morgenmantel in den Flusen des weißen Flusenteppichs liegen, sich das Brusthaar kraulen und vor sich hinbrummeln: »Das ist etwas, was die öffentliche Hand nur bedingt steuern kann – und das ist gut so, mein lieber Gerd.« (Er nennt sich von Kindesbeinen an nur »Gerd«, wenn er mit sich selber spricht.)

Ob Gerhard Schröder indes jemals in diesem honorigen Ambiente – dessen raumgreifende und gipfelstürmende Planung er übrigens Helmut Kohl zu verdanken hat – heimisch werden wird? Im Moment sieht es nicht so aus. Nicht nur, dass die Spree immer wieder durchs Kellergemäuer sickert! Das ist natürlich unangenehm, denn im Keller hat Gerhard Schröder Möhren, Kartoffeln und Zwiebeln für den Winter und gegen Scorbut gelagert. Die Öffentlichkeit, der Bund der Steuerzahler, die Presse – alle sind hysterisch. Das Kanzleramt wird um 70 Millionen zu teuer, und zwar Mark! Weitere Mehrausgaben nur, wenn das neue Wasserschäden unumgänglich machen.

Dennoch kommt Gerhard Schröder um einen kleinen Umbau nicht herum. Zu seinen Gemächern zählt nämlich »ein fünfzehn Meter langer Repräsentationsraum«, der sich zu einer ebenso langen Terrasse öffnet. »Ein elend langer Schlauch«, mäkelte Schröder neulich bei einem Baustellenbesuch, »den muss man ja erst mal warm kriegen! Und was soll ich da reinstellen – das ganze Billy-Regal-Programm von IKEA? Und wer soll den Marmorboden feudeln – also ich nicht und Doris erst recht nicht, so wie ich sie jetzt langsam kenne!«

Schröder hat allerdings eine Idee: »Wie wäre es, wenn wir da einen Hängeboden einziehen! Das macht sich gut, das weiß ich aus meiner Hannoveraner Mansarde und aus meiner nach mir so genannten Villa Schröder. Ein so genannter Anus, wie wir Heimwerker sagen. Da entsteht dann jede Menge praktischer Abstellraum für Federbetten, alte Schuhe, Klaras Fahrrad und so, den wir, vorbehaltlich der Zustimmung des Bundestages, mit gespundetem grünen Malachit verkleiden, fußseitig beheizen und indirekt beleuchten werden.«

Da haben wir's – und wieder wird die Bude teurer. Zumal der Anus natürlich dann auch noch abhörsicher und schallgeschützt gemacht werden muss!

Für den Bau-Ausschuss des Bundestages gibt es nur eine Möglichkeit, der kostspieligen Hängeboden-Leidenschaft des Kanzlers zu entkommen. Am Rande der letzten Ausschusssitzung hieß es: »Wir halten einfach unseren inoffiziellen Zeitplan ein.» Mit dem offiziellen Zeitplan zur Übergabe des Kanzleramtes ist man nämlich bereits ein Jahr in Verzug. Inoffiziell heißt es nun, es könne Herbst

2002 werden. Dieses Datum dürfte Gerhard gewiss erleben, jedoch nicht mehr in Berlin. Sondern unter seinem geliebten Hängeboden in Hannover zwischen Federbetten, alten Schuhen, Klaras Fahrrad.

DAS ZEICHEN THIERSE

Etwas »Zeichenhaftes« musste geschehen, denn unter dem macht's Thierse nicht. Irgend etwas von dem, was in ihm wallt, gärt und brodelt, musste als philosophischer Extrakt nach außen dringen, wie der Schweiß, der ihm vor Ehrfurcht vor sich selber auf die Stirn schoss. Im zu groß gekauften Sonntagsanzug, in dem die fahrigen Händchen verschwanden, stand er vor dem deutschen Volke und seimte sich einen Reim auf sein plötzliches Erscheinen als erster Zonendödel im »zweithöchsten Amte« der Demokratie. Dies sei der Schritt in die Normalität, in der nun auch Ostdeutsche »höchste Staatsämter bekleiden« dürfen. Man hofft natürlich, nicht recht verstanden zu haben: Das war also bis heute, im neunten Jahr der deutschen Einheit, und bis zu Thierses Besteigung des Rita-Stuhls nicht erlaubt? Bis zum Zeichen »Thierse« waren die Ostler unreine, asoziale und minderbemittelte Elemente, die noch zu harren und zu lernen und einen »Transformationsprozess« zu durchlaufen hatten (Gehirn-, Fuß- und Weichteilwäsche sowie Anschaffung einer zivilgesellschaftlichen Grundgarderobe) – Wähler sein durften vielleicht, aber doch nicht wählbar, jedenfalls nicht ganz? Und nun erst, da sie den bildungsfähigen, reinen Demokraten Thierse gefunden hat, will es die Demokratie, die sorgende Tante, mal mit einem Ossi versuchen? Das hat er doch gesagt, der Thierse. Noch ekelhafter: Der denkt so! Er sieht sich als einen, der der Tür zur Freiheit den letzten Stups gegeben hat, auf dass nun sein Teilvölkchen der Mitläufer von jenseits der Elbe staunend und mit »Ah« und »Oh« durch sie hindurchflanieren kann. Er offenbart damit mehr vom Raster-Denken der politischen Kaste als das hochtreibende Demokratiegestammel dieser Tage. Es ist die Vorstellung, irgendwie »erwählt« zu sein. Dass es gerade ihn, Thierse trifft, der nicht einmal ein richtiger Widerstandskämpfer war, der bekanntlich alle Wahlen vergeigt hat, grausam folgerichtig in jede Pfütze stolpert, nur mümmelnd und malend monologisieren, aber nicht kommunizieren kann (schon gar nicht mit Frauen – oder nur, wenn er sie nicht angucken muss) – das erfüllt ihn mit ungläubigem Erstaunen. Ihn fröstelt wie am Heldengedenktag: Auch Looser dürfen also leben! Und Thierse erst recht! Denn er repräsentiert den Zwischenstand der ostdeutschen Phylogenese so unverfälscht wie kein zweites Exemplar dieser Spezies. »Ossibär« lässt er sich rufen. Er macht der Demokratie den gutmütigen Idioten, dem sich die Kinder bei Schulausflügen in den Reichstag ins Fell hängen dürfen. Wenn *Bild* es wünscht, trompetet unser Wolle: »Der Bart bleibt dran.« Ossibär kann doch noch nicht so glatt und weiß aussehen wie fertige Menschen mit Namen wie Scharping, Schröder, Lafontaine. Mit seinen beflissenen Tanzschrittchen zwischen Schwurhandmikrofon und Rita-Stühlchen am »historischen Dienstag« im Bundestag hat Thierse vorgemacht, was er kann und wie ihn das erfüllt. Er leuchtete von innen her wie eine Bärli-Lampe. Er erstrahlte in stiller Dankbarkeit, die die Deutschen am Ostler mögen. Der Mann ist ohne jeden Lakonismus, geschweige denn Humor. Er mahnt immerzu zum Guten, steht immer unter Dampf, ist immer auf dem Sprung, der Demokratie die Schuhe zu binden und den Mantel der Geschichte zu halten, damit alle guten Menschen auch ja das Ärmelloch finden. Diese Qualitäten hätte bei den Ostlern nur noch Schorlemmer aufgebracht. Aber Ossibär hat ihm gegenüber einen Vorzug: Er will nicht brillieren, sondern schmusen.

Der erste Ostler, der dem Staat hochmögende Dienste erweist, ist Thierse indes nicht. Joachim Gauck und die Lausitzer Stimmungskanone Achim Mentzel, Gunter Emmerlich, Lippi, der sächsische Scherzgeber Wolfgang Stumph, Senkrechtstarter Günter Krause und nicht zuletzt die Damen Nolte und Merkel haben noch vor ihm ein ganz passables zivilisatorisches Niveau erreicht. Ihnen hat es Thierse zu verdanken, dass er heute sein kann, wie er ist, ohne sich dessen schämen zu müssen.

Für seine Antrittsrede hatte sich Thierse einen Satz von Klaus Hartdung herausgeschrieben, der seit Jahren so regelmäßig Text über die Schönheit von Demokratie produziert wie andere Leute Haufen machen. Thierse lässt über Hartdung ausrichten, mit dem Eintreffen der Regierung in Berlin gäbe es für Ostdeutschland die Chance, den Durchbruch zur Zivilgesellschaft zu erreichen. Vorausgesetzt natürlich, die fangen dort nicht wieder an, sich beim Saufen auf alle viere niederzulassen und das Bierglas mit der Nase über den Lehmboden zu schieben. Dass man das dauerhaft überwinden kann, dafür hat Thierse ein Zeichen gegeben.

LIEBER HERR PFARRER!

In unserem Männergesprächskreis »Ein gutes Wort zur guten Tat« hat uns Ihr Schicksal so sehr erregt, dass eines Nachmittags wahrlich der Kakao kalt wurde und die Stricknadeln im Klappern innehielten!

Wir erinnerten uns Ihrer blitzenden Abrechnung mit der stalinistischen Psychiatrie im Fernsehen. Das Spritzenmonster von Großschweidnitz wollte Sie reif für den Sozialismus machen, apathisch und heiter, wie alle die anderen Mitläufer. Sie haben es schonungslos als Stasi entlarvt und ihm die Mörderkanüle ein für alle Mal aus der Hand geschlagen. Ein meinungstreibendes Wochenblatt sah es dann in seiner Klinikwohnung hocken und heulen – »er war ein Engel, ein Engel – ich war ein Schwein«. Dann gab es ein Gespräch zwischen Ihnen, dem Engel von der CDU, und dem feigen Tier. Und aus diesem Gespräch gingen Sie als wahrer Christ hervor – »Mitleid« war das Wort, das sich Ihnen auf den Stufen zur Klinik entrang, die man Ihnen zu Ehren – das meint einhellig unser Männergesprächskreis – jetzt schleunigst »Geschlossene Anstalt Pfarrer Eggert« nennen sollte.

Jetzt hat dieser Stasi genug geweint und fängt an zu sprechen! Er sei gar nicht Ihr behandelnder Arzt gewesen. Und zur beklemmenden Beschreibung Ihres Aufenthaltes in der Zwangsjacke sagt er, dass es gar keine solche mehr gegeben habe. Und dass Sie wirklich einen ziemlich dicken Schaden gehabt hätten, als Sie an die Klinikpforte klopften (hat Sie nicht die Stasi geknebelt und dorthin verbracht?). Der auch noch beharrlich lange anhielt, sagt die besorgte Nachbehandlerin. Ob bis zu Ihrer Berufung als Innenminister des Freistaates Sachsens, sagt sie freilich nicht. Und dass Sie das alles erstens aus Ihrem Krankenblatt und zweitens aus Ihrer Stasiakte gewusst hätten, als Sie in jener Fernsehsendung dem Psychiatristen den Kittel aufrissen. – Und dass es sich hernach freilich leicht Mitleid haben lässt, wenn man weiß, man hat falsch Zeugnis getan wider seinen Nächsten und einen ersten Stein geworfen, der womöglich zurückkommt. Und dass mildernde Umstände für Sie eigentlich nur gälten, wenn Sie sich rasch wieder in Behandlung begäben.

Bürgerrechthaber wie der Konrad oder das Bärbele werden sagen, dass es nicht angehe, temporäre geistige Insuffizienz als selbstlosen Akt des Widerstands zu preisen – da könne dann ja jeder kommen (außer sie selbst, natürlich), denn war die DDR nicht verrückt, je normaler sie sich dünkte?

Herr Pfarrer, Sie sollen wissen, dass es in dieser Stunde der kleinlichen Nachfragen Herzen gibt, die für Sie schlagen.

Wie sehr Sie der Spitzel gehasst haben muss! Er hat der Stasi die Auskunft gegeben, dass Sie nicht bisexuell seien! Wir hier im Männergesprächskreis wollen das gar nicht glauben. Wir denken nicht daran, Spitzelzeugnis für bare Münze zu nehmen. Wir sind selber durch manche Fußsohlen-Therapie gegangen und wissen, dass hier schon methodisch was nicht stimmen kann: Erst pumpt dieser Hexer Sie mit Medikamenten voll bis zur Halskrause – dann wundert er sich, dass Sie nicht sexuell sind, geschweige bi!

Das hätte denen so gepasst, durch das Etikett »nicht bisexuell« Ihren Einfluß auf die sächsische Jugend gewissermaßen zu halbieren! Was für ein perfides Kalkül dieses Psychoterroristen im Kittel der Unschuld! War das der

Beginn eines Planes, durch das Zuspielen einer frischen Haushälterin Ihre so ertragreiche Ehe zu zerstören? Oder wollte man sich nach diesem Spitzelbericht für einen Haushälter im Majorsrang entscheiden? Allein die Vorstellung, Sie hätten blind und reinen Herzens in eine vorgetäuschte Knabenliebe tappen können, ließ uns das Wort auf den trockenen Lippen ersterben ...

Lieber Herr Pfarrer, bleiben Sie der, der Sie sind! Ihr fröhliches Gesichtszucken, verbunden mit dem metallischen Ausruf »Ich bin nicht verrückt«, soll uns noch lange erfreuen. Zeigt es doch, dass Sie ein Politiker voller innerer Leidenschaften sind. Ihre Gegner auf der Linken sollen es lieber nicht als verschmitztes Blinzeln missdeuten. Sehr schnell könnten sie sich auf der Liste derer finden, die Pfarrer Eggert nach wie vor psychisch zerstören wollen – voll pastoraler Inbrunst verlesen von ihrem Getreuen Jürgen Engert vom SFB. Bert aus unserer Gruppe hat neulich Ihr hübsches Mienenspiel auch mal versucht und wir haben das erste Mal, seit Ihr Schicksal unsere Gespräche umflorte, herzlich gelacht. Denn natürlich ist es ihm missglückt, er hat schließlich nicht im Osten gelebt ...

Gern würden wir Sie einmal bei uns sehen, bei Kakao und Knabbereien. Martin hat für Sie einen Westover gestrickt und unsere teilnehmenden Gespräche über Ihren Leidensweg sind in jede Masche eingeknüpft. Wir sind ganz aufgeregt, ob Sie so was anziehen oder das kleine Gewirk als Zwangsjacke missverstehen.

Im Auftrag von Bert, Martin und den anderen
Ihr *Mathias Wedel*

ALLERLEIRAU

Man möchte ihm eine Fettbemme reichen, wie er da so im Lenze steht und sein fulminantes Kinn witternd in den Mond reckt. Wie einem alten Hund, den man vor einem Supermarkt angebunden und seinem Schicksal überlassen hat, werden ihm die Augen feucht.

Der Mann war zwanzig Jahre lang Regierungschef des kernigsten aller deutschen Kernländer. Und man fragt sich natürlich, was da für Menschen wohnen, die den Zausel all die Zeit ertragen haben. Jetzt schmeißt er sich an die Reporter ran und würdigt ungefragt sein »Lebenswerk« in einem glibbrigen Theologendeutsch, in dem es von den hiesigen Primärtugenden nur so wimmelt. Er hat »die Last getragen« und die »Pflicht gern erfüllt« und die Blüte seines Landes allerorten gibt ihm »rückblickend« Recht darin, sich in Demut den Tagesgeschäften gebeugt zu haben – »und das war nicht immer leicht«. Merkt ihr denn nichts? Ich war viel zu gut für euch, ein richtig feiner Mensch, euer Sonnenschein und Abendstern, euer Bullerofen und euer Regenschirm! Könntet ihr das nicht jetzt wenigstens mal selber sagen!

Die Westdeutschen dürfen sich gratulieren, dass ihr Rau nie Kanzler geworden ist. Wohin das führt, wenn Staatsgeschäfte aus purer Sentimentalität betrieben werden, haben wir Ostler an Honecker gesehen. Wer dauernd Liebe schenkt, will auch welche haben – und wehe nicht! Das Volk fürchtet seine Altmännertränen mehr als eine Mehrwertsteuererhöhung. Den wären die Deutschen noch schlechter wieder losgeworden als jetzt den Kohl. Den haben sie aus Gewohnheit geduldet, den Rau hätten sie aus Mitleid dulden müssen. Die Liebe zum Kanzler wäre

Verfassungsgrundsatz geworden. Jetzt grunzelt Rau in die Mikrofone, wie sehr, sehr weh ihm manches getan habe und wie verletzt er, den man doch so gern »Bruder Johannes« rief, weil er immer wie ein Kirchentürmchen bimmelte, nun aus dem Amtszimmer schleicht. Vielleicht hofft er, dass noch jemand ruft: Haltet ein, das könnt ihr dem Guten nicht antun! Hat jemand mal ein warmes Handtuch und Melissentee?!

Aber die Menschen sind böse eingerichtet; sie haben keinen siebten Sinn für wirklich edle Lebenswerke. Mit der Rolle des »Moderators in der deutschen Sozialdemokratie«, eines Nichtsnutzes, der immer dorthin hechelt, wo sich welche an die Gurgeln springen und seine feuchten Hände auf die heißen Stirnen legt, hat er sich eine fette Planstelle in der Bundespolitik geschaffen. Die ist nun, da der Schmerzensmann von hinnen geht, nicht etwa vakant, sondern schlicht überflüssig.

Die Ganoven haben sich nämlich vorgenommen, sich nun ganz sehr zu vertragen. Sie brauchen keinen mehr, der in der Ecke hockt und Salben anrührt. Auch die Funktion des pastoralen Schönsprechs, der die Umfallerei der Sozis aus der christlichen Ethik erklärte, kann nun eingespart werden. Denn jetzt wird Klartext geredet. Schließlich hat man jetzt »das marktwirtschaftlichste Programm« seit Urvater Bebels Zeiten. Die Marktwirtschaft ist Begründung in sich. Aufforderungen, sich ganz fest bei den Händchen zu fassen und »Wann wir schreiten« anzustimmen, sind nicht mehr nötig. Es hat sich ausgemenschelt in der SPD. Und niemand mag mehr mit ansehen, wie sich die Güte in persona vor jedem Vaterunser die Mundwinkel ausleckt.

Am schlimmsten, rügt der Landesvater die Presse, sei

für ihn gewesen, wie jeden Morgen seine Kinder in der Zeitung hätten lesen müssen, was er für ein überflüssiger Sack sei (er sagt es natürlich schöner: »dass ich der Demokratie im Wege stünde«).

Man fragt sich, was der für Kinder hat, die morgens schon den *Westwestfälischen Boten* lesen, statt noch eine Runde zu ratzen oder sich Nutella ins Haar zu schmieren. Vielleicht aber sind ja die Kinder in NRW inzwischen alle schon so, nach zwanzig Jahren Rau-Regierung? Und der einzige, der den Infantilismus pflegte, sei der Ministerpräsident selbst gewesen? Zum Abschied hat er jedenfalls vorgeführt, wie man im Amte kindisch werden kann: Er habe schon lange zurücktreten wollen, sagt er schelmisch. Aber immer, wenn die Presse ihn drängte, habe er sich gesagt: Nö, nun gerade nicht!

Ach, so funktioniert das!

Eigentlich, sagt der Rau, wollte er sogar erst am Dienstag zurücktreten und nicht am Montag (aber nicht Sonntag, denn da dampfte die Liebe des Volkes noch zu heiß). Aber er hätte sich das überlegt – wegen des Schalke-Spiels gegen Mailand. Nein, er will unseren Menschen den Fußballabend nicht versauen.

So ist er, unser Johannes.

So werden ihn noch unsere Enkel im Herzen tragen.

»Und nun wünsche ich Ihnen nochmals einen schönen Tag.«

Nochmals! Das ist zu viel der Liebe.

ABER KULT IST ER NICHT

Da glaubt man, man habe seine Griffel stetig am Puls der Zeit und selbst Zuckungen des Nebenhodens – wenn der Zeitgeist so was hätte – würden einem nicht entgehen! Und dann hat man nicht gerafft, dass Eberhard Diepgen Kult ist.

Kult ist, wenn jemand gravierende Macken so glaubhaft vorführen kann, dass die Zivilisation denjenigen eigentlich wegschließen möchte. Aber aus Trägheit oder kalter Berechnung lässt sie ihn laufen. Und schon ist der Menschheit ein Extremsportler mehr geschenkt in den Disziplinen »gespielte Doofheit«, »geheuchelte Gemeinheit« oder »simulierte Unangepasstheit«.

Doch Diepgen simuliert nicht. Diepgen ist, wie sein leeres, eimertiefes basedowsches Glotzen signalisiert. Das war nicht immer so. Noch vor wenigen Jahren kämpfte er tapfer gegen seine Einfalt an, stellte sein Image auf Zuhältertolle um und bimste das Phrasenwörterbuch der Freiheitlich Demokratischen Grundordnung. Niemand war als Redner zum Tag der Einheit, bei Spatenstichen oder Kläranlagen-Premieren gefürchteter als Diepgen. Röhrend und glotzend, reihte er fundamentaldemokratische Binsen. Anschließend musste man duschen.

Heute verblüfft, wie wenig er sich anstrengt und trotzdem originell ist. Er hat's eben. Das schöne und klare Argument, ein Juden-Denkmal solle man nicht bauen, weil sonst Nazis daran pinkeln, was ja den Juden dann letztlich auch keinen Spaß und der Stadtreinigung nur Mühe macht, war ein Solitär in der hochschäumend moralischen Debatte. So was lässt der einfach rauslaufen!

Im Internet zählt er buchhalterisch alle seine Vorzüge

auf, wohl fast zwanzig – von »treu« über »gewissenhaft« bis »reinlich«. Irgendwelche geistigen Fähigkeiten rechnet der Mann sich nicht an. Abgesehen von »einem guten Gedächtnis« – und das ist durchaus als Drohung zu verstehen. Daneben erfahren wir, dass er mit Leidenschaft Rindsroulade, Schokoriegel und hausgemachtes Apfelmus verzehrt. Nur sein Stuhlgang bleibt tabu. Außerdem wissen wir natürlich, dass er rennt – und zwar 6.30 Uhr im Grunewald.

Das ist die Macke, für die wir ihn kultig finden und wählen sollen. Die Kampagne ist schlecht kopiert. Aber eben auch so rüde und dreist dem Josef-Fischer-Aufbaukurs nachempfunden, dass man dem Ebi schon wieder nicht richtig böse sein kann.

Außerdem bringt Diepgen auch Eigenes ein. Fischer rannte sich als Asket mit zerfurchter Visage auf zwei Gimpelstelzen die revolutionäre Romantik vom Leib. Diepgen lässt seine naturgegebene Schmierigkeit raushängen, mit der er einst der Frontstadt Westberlin ein quasi menschliches Antlitz verlieh: ein federnder Laufstil, ein Grinsen, als wolle der eilige Kandidat immerzu rufen: »Ach, wie ist's im Grunewald so schön!«

Gut und harmlos, aber Kult ist es nicht.

Dem will Diepgens Agentur, die sich hinter dem Kürzel CDU verbirgt, jetzt aufhelfen: Sie bietet seine Jogging-Botten feil. Natürlich nicht die originalen, denn dann hätte Berlin ein Hygiene-Problem. 1000 Paar Ebi-Schuhe mit einem Ebi-Logo wurden dem Original nachempfunden und mit einem Schweißspray von Joop! auf persönliche Note getrimmt. Im linken Latsch soll sogar der Stauraum für Diepgens Hammerzeh zu fühlen sein. Die kultigen Dinger gibt es für Zwergwüchsige, für sozusagen normale Wähler und solche, die bei der CDU aus der Dachrinne saufen könnten.

Ganz frisch ist die Idee aber nicht. Ende der sechziger Jahre wurde auf einem SED-Pressefest die kackbraune Trainingshose von Walter Ulbricht versteigert, in der er ab und an »Ball über die Schnur« spielte (»Jedermann an jedem Ort zweimal in der Woche Sport!«). Und zwar das Unikat! Dieser Personenkult war indes hochgradig totalitär, während er heute irgendwie ganz anders und verdammt witzig ist. Auch Ulbricht gab gern seine Lieblingsspeisen bekannt (Bohneneintopf) und beteuerte, dass er ein Familienmensch sei. Er verfügte dazu aber nur über die »Mitteilungen für den Parteiarbeiter« und nicht über das Internet. Um Ulbrichts Pumper kam es übrigens zum politischen Eklat: Niemand wollte sie haben. MfS-Kämpfer mussten sich unters Freilichtpublikum mischen und begeistert bieten.

So ähnlich könnte es der Berliner CDU auch ergehen. Deshalb wollen die Ebi-Macher sich jetzt in Restaurants und Szenekneipen in den Windschatten von Rosen- und Tagesspiegel-Verkäufern hängen und die »Ebi-Runner« verticken.

Ich für meinen Teil bin nicht scharf drauf. Aber wenn mir irgendwann das Suspensorium von Bernhard Vogel neben die Molle gelegt würde, könnte ich schwach werden.

AUCH KEINE LÖSUNG

Eines Morgens, vor ziemlich fünfzig Jahren, kurz bevor er sich zu Bett begab, beschloss der Kommunist im Kreml, »die Berliner« verhungern zu lasssen. Bei lebendigem Leibe! Vor allem die Kinder, die kleinen Berlinerinnen und Berliner, süße Gören mit goldigem Kindermund. Die Streuselschnecken wollte er ihnen wegnehmen und die Milch, die sie doch brauchen, um große und starke Berliner zu werden.

Warum?

Nun, so genau weiß das heute niemand mehr. Und so genau will das heute auch niemand mehr wissen. Fest steht, dass der Kommunist in Moskau sehr, sehr böse war, ein Pitbull in Kommunistengestalt. Er war von Natur aus so böse – aber eben vor allem, weil er Kommunist war. Wer weiß, hätte es ein paar Jahre vorher geklappt, alle Leningrader verhungern zu lassen, vor allem die bösen alten Kommunisten, die dort hausten, dann hätte es den bösen Kommunisten im Kreml längst nicht mehr gegeben. So aber gab es ihn immer noch. Und eines Morgens beschloss er seinen bösen Plan.

Na, was meint ihr, liebe Kinder, warum hatte es der böse Kommunist gerade auf »die Berliner« abgesehen? Richtig, weil die so ein lustiges Völkchen sind, mit »Herz und Schnauze«, wie man so sagt, weil sie det Jriene lieben, ihre Drehorgel-Rieke so eine fidele Person ist und sie einen so feinen Zoo haben. Auf all das war der Kommunist neidisch und es war ihm ein arger Dorn im Auge.

Jetzt aber geht unsere Geschichte erst richtig los! Sie erzählt davon, was »die Berliner« und ihre amerikanischen Freunde für großartige Kerle sind. Die Amerikaner erfanden nämlich sofort den »Rosinenbomber« und schmissen lauter schmackhafte Sachen auf die Berliner. Im Bombardieren hatten sie Übung. Und auch später, zum Beispiel in Vietnam, waren sie im Bombardieren die besten der Welt. Sie schmissen vor allem Schokolade auf »die kleinen Berliner«. Das heißt, die Ossis bekamen natürlich keine und haben erst viele, viele Jahre später, als die Mauer fiel, erfahren, wie Schokolade schmeckt. »Die Berliner« Muttis standen mit Pfannen und Kasserollen auf dem Flugplatz Tempelhof und fingen den Braten auf, der durch die Luft flog. Es war das Schlaraffenland, das man Kapitalismus nennt.

Eigentlich mussten sich »die Berliner« jetzt nur noch um ihre Scheiße kümmern. Zu diesem Zweck bauten sie Kläranlagen und Stadtautobahnen zu den Kläranlagen, und »die Berliner« bekamen alle ein Wasserklo. Die Stadt wurde zur blühenden Landschaft. Allerdings nur die halbe. In der anderen Hälfte sahen die Leute aus ihren Ruinen heraus »den Berlinern« neidisch beim Futtern zu.

Schlimmer noch: Sie mussten auch tüchtig Scheiße und Müll von »den Berlinern« abnehmen, weil deren Kläranlagen bei der fulminanten Fresserei bald überzulaufen drohten. Das Wasser lief den Ostlern im Munde zusammen, wenn sie die Rosinenbomber kommen sahen, vor allem wegen der schönen Coca Cola. Und sie beschlossen, viel später einmal eine Konterrevolution zu machen, um auch Coca Cola zu kriegen. Da ärgerte sich der böse Kommunist in Moskau natürlich die Krätze an den Hals.

Als die Rosinenbomber kamen, waren die Reichshauptstädter schlagartig keine Nazis mehr. Eigentlich sollten ja die Blockwarte die Schokolade verteilen. Aber »die Berliner« rannten einfach aufs Rollfeld. Denn sie waren sehr freiheitlich gestimmt – und das sind sie ja bis heute. Und weil die Liebe bekanntlich durch den Magen geht, sind »die Berliner« und die Amerikaner natürlich heutzutage ein Herz und eine Seele. Eigentlich sind die Amerikaner – wenn es nicht gerade Neger sind – gar keine richtigen Ausländer, die uns die Arbeitsplätze wegnehmen und unsere Steuern verprassen.

In diesen Tagen sind »die Berliner« besonders glücklich, dem Hungertod entronnen zu sein. Wenn eine alte Berlinerin einen alten Ami auf dem Kudamm sieht, knutscht sie ihn zu Boden. Piloten werden aufs Rollfeld gerollt – alte, tapfere Amis – und öffnen symbolisch eine Dose Cornedbeef mit den dritten Zähnen oder dem Fliegermesser. Rosinenbomber durchpflügen den Luftraum über der ungeteilten Stadt und jagen den Ossis einen Schrecken ein. Die kleinen Berliner malen seit Tagen in der Schule nur noch Rosinenbomber, aus denen es Dollars und andere feine Sachen regnet. Der Bürgermeister »der Berliner« legt wieder mal das Gesicht in Dackelfalten und stößt ganz langsam sehr freiheitliche Sätze hervor, ein nicht enden wollender Maulfurz.

»Die Berliner« feiern unter sich. Die Ostberliner aber gehen stumm ihren Zwangshandlungen nach, schauen in den Himmel und denken: Aushungern ist also auch keine Lösung.

KEIN ORT FÜR TRINKER

Im Osten gehe ich in keine Kneipe. Ost-Wirte sind Opportunisten, schlimmer als Schabowski und Dagmar Frederic, Verräter am Durst! Gleich mit dem Mauerfall haben sie sich von ihrem Grundversorgungsauftrag gegenüber den Werktätigen – »saufen und saufen lassen!« oder »Hauptsache, es dreht« – abgewandt, die Gläser über einen kunstgewerblichen Tresen gehängt und die westliche Restaurantkultur durchgedrückt. Bei der nächsten Revolution werden sie – sofern Trinker die rev. Vorhut bilden – in einer ihrer Kreationen (Bier mit Fanta!) ersäuft. Und das mit vollem historischen Recht!

Kneipen im Westen: Das Elend begann mit der Einführung des Tropfenfängers, dieses Lätzchens für Verlegenheitstrinker, auch Rosette oder Schwämmle genannt. Seitdem ist das Saufen um des Saufens willen ein Verstoß gegen die political correctness. Der Alkohol wurde zur unangenehmen Begleiterscheinung des gepflegten Bieres. Die Kneipen verzauberten sich zu Inseln der Kommunikation in Fortsetzung eines Proseminares über »Habermas und Käferfraß«. Man schreitet in sie hinein, wie Marcel Reif in der Fernsehwerbung, nicht mit Durst, sondern mit Lust auf Leben im Wanst. Den angenehm schläfrigen Rhythmus – picheln, pissen, picheln – kennt man hier nicht. Niemand prostet sich hier zu. Auf den Filzen wird nichts angestrichen – das wäre ein Rückfall in die Barbarei des Wett-Trinkens. Wer am nächsten Morgen nach so einem Restaurantbesuch erwacht, hat nicht 15 Biere, sondern »gute Gespräche« intus. In den letzten Jahren hat das Spießbürgertum aufgeräumt: Wunderbare, vom Alk forcierte Persönlichkeiten wurden in den Rinnstein, vor die Imbiss-Buden verbannt. Ein bärbeißiger Feminismus hat die saufende Berlinerin zum Untier erklärt. Die Stadt hat das Proletariat getötet und damit auch das öffentliche Saufen. Kein Kopf fällt mehr auf keinen Tisch, keiner schmeißt mehr im Größenwahn eine Lokalrunde, Rülpsen gilt als Demokratieverstoß und auf aseptischen Pissoirs ist nichts Interessantes mehr zu lesen. Stattdessen hat sich die Kleinbürgerschaft überall puppige Eckchen eingerichtet. Das geht schon mit den Namen los: Eine Kneipe, die »Schlawinchen« heißt, kann man nur mit Verachtung strafen. Es wimmelt von »Stuben«, »Stübchen« und »Nestern«. Der Multikulturismus hat West-Berlin mit Pubs und Tavernen überzogen, in denen man weder seinen Brand noch seinen Welthass löschen kann.

Vor allem hüte man sich vor Restaurationen, die in »alternativen Reiseführern« stehen! Es sei denn, man findet es interessant, ewig heiteren Lehramts-Kandidatinnen bei ihren Umarmungen zuzuschauen und in Gespräche über Eurythmie verwickelt zu werden. Was der SED nicht gelang – nämlich die Stampen zu »Erlebniszonen der sozialistischen Lebensfreude« zu machen –, die 68er Küsschen-rechts-Küsschen-links-Generation hat es in West-Berlin geschafft. Jede dieser Location hat mindestens eine Philosophie. Bevor man was zu Trinken kriegt, muss man durch die Prüfung durch. Wer »ein Bier aus dem Hahn« bestellt, hat schon verschissen. Selbst im »Robbengatter«, was vor zwanzig Jahren eine richtige Kneipe gewesen sein soll, wurde mein Ruf »Herr Wirt, ein Bier« mit der Aufzählung von zwanzig Bier-Sorten gekontert. Das Personal guckt dich dreist an, als solltest du dich stante pede für eine der Weltreligionen entscheiden. Du sollst dich nicht zuknallen, sondern beeindruckt sein. Jede Plempe gibt es auch als Premium-Ausgabe. Man kann auch ein Weizen mit Wacholder oder Zitrone haben. Oder mit Sahne. Vor allem aber kann man die versammelte Frontstadtpresse lesen.

Und so ist dann auch das Publikum: Leute, die Biere ineinander kippen (!) und darüber palavern, ob sie lieber ein 0,4er oder ein 0,5er Glas nehmen, ob sie lieber aus Kelch oder Tulpe schlürfen. Ältere Mädchen in langen Pullovern und Leggins, die den Beruf der Kellnerin auf den Hund bringen, flegeln sich auf Tischplatten, als würden sie dir in der Wohngemeinschaft ein Glas Milch vom Bio-Bauern anvertrauen. Überhaupt – das Personal. In West-Berlins Kneipen wimmelt es von diesen hochnäsigen Geschöpfen, die dich spüren lassen, dass sie eigentlich auf die HdK oder auf die Filmakademie gehören: Ich mache diesen Job – doch ich behalte meine Würde! Kalt wie Zahnarzthelferinnen simulieren sie Beflissenheit, immer auf dem Sprung, die CD zu wechseln. Und immer sind es indische Zimbeln.

Selbstverständlich sind Westberliner Kneipiers und ihre uninspirierten Gehilfinnen stets nüchtern wie Steuersachbearbeiter in der Frühstückspause. Ein Wirt, der nicht trinkt – liebt der seinen Beruf überhaupt? Nur die Gäste sind noch nüchterner. Sie behalten den Überblick bis zur alles entscheidenden Frage: »Getrennt oder zusammen?«. Wessis, die Stunden gemeinsam am Tisch verbracht, über Biersorten philosophiert und das Ambiente gewürdigt haben, zahlen mit Vorliebe getrennt. Dann beginnt regelmäßig ein humoristisch verstellter Schlagabtausch, wer die Rechnung für die Steuer abfassen darf. In der vorletzten Phase wird die Bedienung genötigt, auch das Trinkgeld auf die Rechnung zu setzen. Und dann huschen hintereinander alle noch mal zur Retirade.

Eine Ausnahme von allem ist der »Schleusenkrug« im Tiergarten. Dort arbeitet Horst. Wenn der im Garten die Stühle hochgestellt hat und ich bin der letzte Gast, lotst er mich an den »Personaltisch« und sagt »Herr Doktor« zu mir. Und dann essen wir »Abendbrot«, wie er das nennt. Vom Zoo her brüllen die Viecher. Und Hedwig, die ehemalige freiwillige Helferin der Volkspolizei aus der Invalidenstraße, die dort »aus politische Erwäjungen« nicht mehr trinken geht, darf endlich ihr Bein hochlegen, das so offen ist wie unsere Zukunft.

ES HAGELT JUBILÄEN

... wovon der »Fall der Mauer« eins der grusligsten ist. Die verdienten Widerstandskämpfer des Volkes werden noch einmal in die Fernsehstudios komplimentiert; die Sessel erkennen ächzend die Hintern wieder. Da sitzen sie und sehen böse aus. Sie dürfen noch einmal sagen, und ein kleines Beben fährt ihnen in die Glieder, dass sie bei ihrer Unternehmung, die Regierung zu erledigen, hundsgemein behindert wurden. Eine Frau schreit »Bautzen!« und man reicht ihr rasch ein Mikrofon!

Dann heißt es »unser erstes Einspiel, bitte« und wir sehen uns nach Feierabend – damals hatten wir alle noch Arbeit – in unseren unsäglichen Bundjacken um den Leipziger Ring rumlatschen, kindischen Prophezeiungen auf dem Alexanderplatz lauschen, alberne Sprüche hochhalten, reflexhaft zu hübsch gehäkelten Liedchen klatschen und Gesichter schneiden, als fielen Weihnachten und 1. Mai, Jahresendprämie und die Niederkunft unseres Zwergkaninchens alles auf einen Tag. Eine Bevölkerung mit ungesunder Gesichtsfarbe wechselt kollektiv die Lüge, mit der sie belogen werden will. Kurz danach – wir hatten uns nicht einmal die Zeit genommen, uns umzuziehen – wählten wir schon den Kohl.

Als wir uns am 4. November 89 mit glänzenden Äuglein – unseren »Da vorne gibt es Pfirsische«-Äuglein – unterm hohen Mittag auf dem Alexanderplatz aneinander kuschelten und uns dafür belohnten, dass wir die DDR so lange durchgestanden hatten, waren wir sinnvoll beschäftigt. Aber es sollte noch ein paar Wochen dauern, bis BILD seine Titelseite schwarz-rot-gold umrahmen durfte. Wir waren die Komparsen, und das Schlimmste ist: Wir haben uns nicht einmal dafür bezahlen lassen. Es gab nicht mal Bockwurst gratis wie am 1. Mai, von Freibier ganz zu schweigen. Aber wir durften uns an den Händchen fassen — dafür sind wir zu vielem bereit.

Im Fernsehstudio läuft inzwischen die Abteilung »Die Mauer in den Köpfen«. Die Frau schreit »Bautzen!« und man reicht ihr rasch ein Mikrofon. Ein Ostler sagt, wie vorgesehen, dass es nicht nur um gleichen Lohn und gleiche Zahnbehandlung gehe, sondern dass wir jetzt nun endlich, jetzt nun aber wirklich »uns gegenseitig voneinander erzählen und aufeinander zugehen müssen«. Drei Millionen Fernsehzuschauer im Westen stöhnen auf: bloß nicht!

Aber der Sender will seinen Beitrag leisten – »Regie, bitte abfahren!«: Stumpfe Gesichter im Osten. Eine Frau sagt aufgeräumt, während hinter ihr eine ABM-Kollektiv an der Orts-Chronik malt: »Wir haben gelernt, mit der Arbeitslosigkeit positiv umzugehen.« Die Wirtin im Krug erzählt ihre Existenz-Gründer-Erfolgsgeschichte: »Ich lebe von den Arbeitslosen.« Ein Alkoholiker fällt in die Dorfstraße und der Soziologe im Studio ergänzt: Sie sind nicht arbeitslos, weil sie Alkoholiker sind, sondern sie sind Alkoholiker, weil sie arbeitslos sind.

»Aber in der DDR gab es keine Therapien, das Individuum existierte nicht«, ruft Freya Klier und ihr Oberlippenbärtchen vibriert vor Empörung. »Bautzen!«, ruft die Frau und man reicht ihr das Mikrofon. Und tschüss, bis zum nächsten Mal!

ES BLINKT EIN EINSAM SEGEL

Ich hasse Talkshows. Denn es ist intellektuell unanständig, Talkshows nicht zu hassen. Der redliche Intellektuelle geißelt sich – liest DIE ZEIT oder hält sie wenigstens und beweist unabhängige Gesinnung. Die besteht darin, Dingen nachzuhängen, die weder belehren, noch erbauen, noch sättigen, noch Geld bringen. Und natürlich muss man immer bei der Minorität sein. Wer hält sich schon DIE ZEIT, wer hockt schon bei Lesungen sächsischer Lyrikerinnen mit dissidentischem Hintergrund, wer hört sich um Mitternacht Klangexperimente (Fuge für Wanduhr, Hackbrett und konische Röhren) im Deutschlandradio an und sucht früh um vier im Internet nicht Hardcorepornos, sondern irgendwas zu Tacitus!

Talkshows liegen schon deshalb außerhalb intellektueller Horizonte, weil sie der Masse gehören, ohne die bekanntlich Auschwitz nicht möglich gewesen wäre. Talkshows sind Gespräch für die Stummen, Geräusch für die Tauben, Text für die Analphabeten. Es ist ein wunderbares Gefühl, Minorität zu sein. Der Gedanke, mit der Majorität in einem gemeinsamen Wohnzimmer zu hocken, in dem es nach Bier, alten Strümpfen und Kartoffelchips riecht, und zuzuschauen, wie die Kessler-Zwillinge auf die Frage antworten, ob sie auch privat harmonieren, verursacht dem redlichen Intellektuellen Ekel.

Und doch kenne ich sie alle; alle, die das Kabel durchlässt. Ich bin abhängig, und ich weiß, warum: Der Ekel ist des Asketen einziger Genuss. Man kann sich nicht als Minorität erleben, wenn man den faulen Atem der Majorität nicht im Nacken spürt.

Aber der Intellektuelle ist, seit Lenin, käuflich (im Unterschied zum Plebs, der seine Arbeitskraft bezahlt sehen will). Ich weiß nur sehr wenige Dinge, die ich für Geld oder Geldeswert nicht tun würde. Über das Begehren, nützlich zu sein, bin ich hinaus – die schlimmsten Fehler macht man, weil man nützlich sein will. Ich verfeinere mein Schmarotzertum, was auch eine Arbeit ist. Deshalb brauchte ich nur auf den Zufall zu warten, der mich zum Talkshow-Moderator machte.

Bei diesem Zufall ging es um 6000 Mark pro Sendung. Lacht nicht, ihr Willemsens – ich weiß, eine lächerliche Summe! Aber ich rechnete so: Ein, zwei Tage Arbeit – vier Wochen intellektueller Müßiggang. Denn für 6000 Mark kann ein Mann meiner Konstitution – eigentlich brauche ich nur einen kalten, trockenen Weißwein und Hundefutter für die Katze – lange unnützen Dingen nachhängen, kann für Zeitungen, die nichts bezahlen, unnütze Glossen oder Verlage, die nichts verkaufen, unnütze Büchlein schreiben.

Um es vorweg zu sagen: Es hat sich gelohnt. Und ich würde es jederzeit wieder tun. Zwar musste ich in dem einen Jahr meiner Moderatoren-Karriere all den Psychopathen begegnen, die man aus all den anderen Talkshows kennt, zwar musste ich mich von subalternen Redakteuren gängeln, von Regieassistenten herumschubsen und schließlich vom Intendanten feuern lassen. Aber ich konnte mir in diesem Jahr für mein wunderschönes, uraltes Gaffelsegelboot ein neues, absolut genau getrimmtes, lieblich im Winde knisterndes Gaffelsegel nähen lassen. Und deshalb bin ich auch gar nicht traurig, dass meine Karriere so rasch ein Ende nahm, den ich brauche nur ein Gaffelsegel.

Zuerst fragte ich natürlich, was für eine Talkshow das denn werden solle; ich zierte mich noch ein bisschen vor mir: Eine intelligente, eine ganz andere Talkshow würdest du ja machen ... Im Innern hatte ich aber längst zugesagt.

Natürlich wusste ich schon damals, dass es intelligente Talkshows nicht gibt, dass es völlig gleichgültig ist, ob Günter Grass oder Gunter Emmerlich redet, ob Beckmann, Eggert oder Kerner fragt, ob es um »Europa am Scheideweg« oder um »Meine Frau will nur Analverkehr« geht. Ein wenig blubberte in mir noch das Sendungsbewusstsein (wohl weil ein Sender mich begehrte) des Minoristen und ZEIT-Lesers: Vielleicht ist ja die Menschheit doch durch ein subtiles Gespräch zu läutern! Wenn sie doch erst wieder lernte, dem spontanen Worte zuzuhören, vielleicht hielten die Menschen dann auch inne, sich zu malträtieren und auszubeuten ...

Ich schaute mir interessiert zu, wie ich mich mit diesem Seim einlullte und merkte mir jedes Wort, um meinen intellektuellen Artgenossen erzählen zu können, wie es in mir tobte und kämpfte, bis ich den Vertrag unterschrieb. Aber eigentlich dachte ich nur an die 6000 Mark. Und mit den Worten »Guten Abend, ich sitze hier, um mir bald ein neues Segel nähen lassen zu können« hätte ich die Sendung eigentlich beginnen müssen. Dann wäre es aber mit dem Segel nichts geworden.

Auf meine Frage, was für eine Talkshow das denn werden würde, erhielt ich drei Antworten: erstens, eine Talkshow mit Musik (aha, also eine stark verbilligte Variante des großen bunten Abends der Lebensfreude aus dem DDR-Fernsehen), zweitens »natürlich nicht so blöd wie River-Boat« (der allerdings besonders blöden Talkshow des Mitteldeutschen Rundfunks) und drittens eine Talkshow mit Frau T.

Frau T.? Aber das bin doch nicht etwa ich?

Nein, das ist der Lieblingswunsch des Intendanten. Aber keine Angst, sie kriegt dasselbe Geld wie du!

Frau T. sollte in unserer Sendung die weltgewandte, spritzige Wessi sein und ich sollte den leicht staubigen, misstrauischen, immer etwas zu langsamen Ossi geben, der auch wenn er nichts sagt intensiv mit seiner Vergangenheit kämpft. Diese Talkshow hatte nämlich – viertens – den nahe liegenden medienpolitischen Auftrag, für die Zuschauer der gespaltenen Region Promis zusammenzusperren, die nie was miteinander zu tun hatten und fürderhin nichts miteinander zu tun haben wollten. Ein »Ost-West-Moderatorenpärchen« zwangszuverbandeln, als Beweis für die Zuschauer, dass es doch geht zwischen den verfeindeten Lagern, war da der naheliegende zündende journalistische Gedanke.

Beim ersten Aufeinandertreffen des Moderatorenpärchens verschlang Frau T. Unmengen Kekse, war weltgewandt und spritzig, dass ihr der Speichel in den Mundwinkeln kochte (und dabei war eine Kamera nicht einmal in der Nähe) und teilte mir mit, dass sie sich frühzeitig vom Sozialismus verabschiedet habe. Folgerichtig war sie das beste Pferd im Stall des berühmten Herausgebers geworden, der aus der Berliner SED-Tageszeitung eine »Washington Post« machen wollte (sie liebe Washington, die Stadt und die Menschen). Leider wurde aus uns kein Ost-West-Pärchen (und aus der Zeitung wurde auch nicht viel). Denn der berühmte Herausgeber setzte gerade an, seinerseits zum berühmten Talkmaster zu werden. Und Frau T., bei all ihrer Weltgewandtheit und Spritzigkeit, wurde zum Innendienst in der Redaktion bestellt.

Statt ihrer traf ich auf J., eine Ossa, die sympathischerweise sofort das »lächerliche Honorar« in Frage stellte. Aus uns konnte schon deshalb kein Pärchen werden, weil der Sender an gewissermaßen homomoderatorischen, also geschichtlich gesehen rückwärts gewandten Verschwisterungen Ost-Ost kein medienpolitisches Interesse hatte und ich einen Kopf kleiner, mindestens!, als J. bin, die allerdings sehr, sehr, sehr groß ist.

Damit verboten sich eine Menge paarspielerische Neckischkeiten und Hampeleien. Bei einer Talkshow, die sich zwischen »Parade volkstümlicher Weisen« und »Was nun, Herr Gysi?« (oder Herr Stolpe oder Frau Hildebrandt) nicht recht entscheiden konnte, waren die durchaus zu befürchten gewesen.

Nur von der illuminierten Showschräge, eine im physiologischen Sinne kühne Weiterentwicklung der guten alten Showtreppe, mochten die Produzenten sich nicht trennen. Die hatten die Moderatoren ursprünglich in trauter Paarung beschwingt herabschreiten sollen. Weil die Schräge eine, wenn nicht gar die konzepttragende Idee war, war sie schwer zu kippen. Mir gelang es aber, J. und mir das Schreiten zu ersparen, als ich mich bei einer Probe einmal unter ihre Achsel kuschelte. Die Showschräge verhalf nachher noch manchem, vor allem manch älterem Gast, zu einem turbulenten Auftritt, was zu heftiger Kamerabewegung in eine neutrale Ecke und zum Aufstöhnen des Publikums führte. Aber sie war nun mal »unser Markenzeichen«. Als Reich-Ranicki stürzte, traf seine speiende Rede nicht mehr mich, denn ich war längst schon wieder Zuschauer.

Es begann ein Jahr allerhübschester Abwechslungen. Ins Studio flatterten die üblichen ostdeutschen Schauspielerinnen und Ansagerinnen, die nun schon im sechsten Jahr erzählten, dass es »nach der Wende zunächst einmal ein mächtiges Tief gab. Uns kannte ja keiner! Aber jetzt« – jetzt hagele es wie durch ein Wunder wieder viele Angebote. Und dass man sie nach ihrem Lieblingsregisseur fragen solle, baten sie sich vorher aus. Dazwischen scherzte Gregor Gysi und versetzte der Bonner Politbürokratie ein Bonmot nach dem andern. Eine Schlangenbändigerin tanzte barbusig, die Schlange und Manfred Stolpe blickten einander kalt an. Natürlich war Juhnke auf dem Sofa und Völz, die vitalisierte Currywurst; ein Kabarettist nach dem anderen rammelte ein Drei-Minuten-Solo nieder und die Gerontos der ostdeutschen Unterhaltungskunst – Preil, Quermann – wussten launig zu erzählen, wie sie dem Honeckerregime getrotzt hatten.

Das Publikum war gut aufgelegt. Es bekrähte die schäbigste Andeutung eines Scherzes. Nach der dritten Sendung kannten wir einander – es waren ältere Paare, die zumeist ein Haustier oder ein Kind bei einem Unfall verloren hatten und jetzt Zerstreuung suchten. Eine halbe Stunde vor Rotlicht richteten sie mit hoher Professionalität ihren Stuhl in Blickrichtung der Kamera aus und ließen von da an ihr Lächeln für keine Sekunde mehr abtreten.

Aus dem ganzen, schrecklich langen Jahr (aber ab September wurde schon am Großsegel genäht) ist mir nicht ein Gag in Erinnerung geblieben, geschweige denn ein griffiger Gedanke. Nur dieser schöne, tiefe, traurige Blick meiner sehr großen Kollegin J. (eigentlich einer sogenannten Nachrichtenfrontfrau), wenn die Kamera sie gerade nicht im Griff hatte.

Gut war Geschonneck. Geschonneck war Notgast. Irgendjemand, ich glaube, eine berühmte Tunte, hatte abgesagt. Das kam fünf Minuten vor der Angst oft vor, denn einigen Prominenten aus dem Westen war der Sender zu ostig und es reute sie die weite Anfahrt. Geschonneck wurde angerufen und, als altes Rampenschwein, erspürte er sofort, in welcher Lage der Produzent war. »Ich merke schon, euch fehlt einer«, sagte er. Von da an ließ er seine Frau verhandeln und nannte im Hintergrund die Zahlen. Hohe Zahlen. Dann saß er steif im Sessel, wartete ab, bis ihm die J. seine »lange und wechselvolle Bühnenkarriere« vorgehalten hatte, und hub ohne Umschweife an, Küchenlieder zu singen.

Gut war auch Rechtsanwalt Plöger, von BILD gern »Ekke Plöger« genannt. Plöger war Nebenkläger im Prozess gegen Honecker und verfocht u.a. die These, der Mann, der da wie Honecker rhabarberte, sei gar nicht Honecker, sondern ein Double von der Dresdener Staatsoperette, wahrscheinlich bezahlt vom KGB. Plöger trug ein großes Abzeichen mit Reichsadler am Revers und ich fragte ihn: »Da haben Sie wohl vor der Sendung schnell das Hakenkreuz rausgeschliffen?« Und er antwortete – vorsorglich sage ich, wenn ich mich recht erinnere: »Natürlich, ich komme doch nicht mit Hakenkreuz, wenn ich ins Fernsehn gehe!« Das war auch gut.

Ansonsten waren die J. und ich zu Ungeheuern geschminkt und von der Haltung das, was man heutzutage im Zeitgeistjargon »taff« nennt: aufgeräumt, keck, spitz, nett, dumm. Die Redaktion fand mich in keinem Falle nett genug.

Meine Frage an die ostdeutsche Schlagersängerin F., warum sie so verlogene Texte sänge, habe im Publikum Unruhe ausgelöst, sagte die Redaktion bitter. Ich fand, dass man mehr vom Publikum nun wirklich nicht verlangen könne. Aber natürlich versprach ich, noch netter zu sein.

Um nett auszusehen, steckte man mich in Fernsehsakkos, die namhafte Herrenausstatter zum Erfolg der Talkshow beisteuerten. Sie waren gewöhnlich beige oder lindgrün und wurden mit farbenfrohen Krawatten ergänzt, die humorvolle Tiermotive trugen. Auch so genannte Einstecktücher lernte ich auf diese Weise kennen. Natürlich hätte ich mich wehren können. Aber, wie meine Kollegin J. sagte: Um uns zu wehren, werden wir nicht hoch genug bezahlt. Ein Sakko, ein stahlblaues, habe ich über meine Zeit als Moderator gerettet. Wenn ich meine Kinder einmal sehr ärgern will, drohe ich ihnen: »Wir machen einen Sonntagsausflug und ich ziehe mein Sakko an!«

Meine Kinder zeichneten zu Hause die Sendungen auf, während meine Gattin im Bett lag und weinte. Meine Kinder sagten, wenn ich nach Mitternacht vor ihnen stand, sie schämten sich meiner und mein Sohn, ein ansonsten zurückhaltendes Kind, das nicht das gewalttätige Wort führt, sagte schon nach Talkshow Nr. 3 »du Arsch«. Die Tochter sagte: »Mama hat geweint.«

Am Morgen legte meine Frau mir eine Tageszeitung auf den Tisch, in der eine Leserin in einer »Leser-Fernseh-Kritik« festellte, mein intellektuelles Niveau reiche für eine Talkshow in ihrem Lieblingssender nicht annähernd aus.

Aber es hat auch angenehme Seiten, Moderator zu sein. Gegen Mittag begann ich, Anrufe junger Schauspielerinnen entgegenzunehmen. Es gab keine, die nicht gefunden hätte, dass ich gut sei. Lieder- und Spaßmacher riefen an und erinnerten daran, dass wir einander seit langem kennen. Sie bewunderten, wie ich »die Sache immer wieder auf den Punkt« bringe – was immer das heißen soll. Ich stellte jegliche Arbeit und die Lektüre der ZEIT ein und ging, ganz gegen meine Art, gern in Lokale. In dem Geschäft, in dem ich meinen Wein kaufe, sagte die Verkäuferin, dass sie mich jeden Abend gern sehe (die Talkshow gab es nur einmal im Monat). Mein Segelmacher sagte: »Ein Mann wie Sie kann nicht mit irgendeinem Segel herumsegeln.« Mir ist jetzt klar, warum Talkshows auch nach vielen Jahren kein Ende nehmen.

J. und ich fanden unser Ende zur Weihnachtssendung, bei der natürlich irgendwelche Weihnachtsmänner herumtanzten. Beim »warm up« kam ein fideler Intendant ins Studio und erklärte dem Publikum, dem das egal war, dass dieses Moderatorenpärchen seine Sache ganz prima gemacht habe und man bekanntlich aufhören solle, wenn es am schönsten ist – »... und nun aber für eure letzte Sendung toi, toi, toi!«

Warum sie die J. gefeuert haben, ist mir nicht klar. Vermutlich, weil man Pärchen nicht trennt. Dass sie mich gefeuert haben, kam so: Einmal hatten wir Regine Hildebrandt zu Gast. Sie wäre gern auch jedes Mal gekommen, aber die Redaktion hat es auf ein einziges Mal begrenzen können. Ich fragte sie – zugegeben, nicht sehr nett –, warum sie denn glaube, ausgerechnet in dieser

Umfallerpartei gute Sozialpolitik machen zu können. Sie: »Kennen Sie denn eine bessre?« Ich kannte eine. So was macht man als Moderator einfach nicht.

Meine Talkshow hat inzwischen noch drei oder vier weitere Moderatorenpärchen verschlissen. Die Einschaltquoten lagen zum Schluss im nicht messbaren Bereich. »River- Boat« ist weit davongeschwommen. Jetzt ist Sense. Schade.

Was ich jetzt so mache? Nun, ich bin oft unter Segel – immer hart am Wind. Wenn nicht, gucke ich Talkshows und finde sie grauenhaft.

SCHLAGT UNS, BIS WIR LACHEN

Liebe Brüder und Schwestern in der alten Behärrdäh,

heute möchte ich euch einmal schreiben, weil es ja nun 10 Jahre her ist, seit wir Ossis – verfroren vom kalten Krieg und hungrig nach euren Fruchtzwergen – unter den wärmenden Rock eures weitauslegbaren Grundgesetzes gekrochen sind. Damals habt ihr uns ganz lieb mit der Banane gewinkt. Wenn ich heute eine Banane nur sehe, muss ich kotzen.

Aber das ist nicht eure einzige Enttäuschung. Gerade zum Einheitsjubiläum habt ihr festgestellt, dass wir Ossis uns seit 1989 gar nicht bzw. zu Rüsseltieren entwickelt haben, die an eurer üppigen Restetonne schmarotzen. In welche Westzeitung man auch reinguckt, überall macht ihr uns zur Sau. Dicke Bücher werden schon geschrieben darüber, was wir für arbeitsscheue, geldgierige, dummdreiste Trottel sind in unseren neuen fünf Meckerecken. Und wie wir erst aussehen – mit zu kurzen Karohosen und Pepitahütchen und dem stasitypischen Körpergeruch. Ihr müsst wissen, wir benutzen bis heute kein Deo, sondern nur Desinfektionsmittel, das ist billiger.

Schafsnasig sind wir, schrieb neulich die taz. Na, wenigstens nicht judennasig! Rassisten seid natürlich nicht ihr, liebe Brüder und Schwestern, sondern wir! Dank unserer schlechten Kinderstube bei den Pionieren und dem Zwang, rasch trocken zu werden (es gab ja keine Windeln) sind wir praktisch automatisch Nazis. Das hat bei uns einen Gruppendruck erzeugt, nicht nur hintenraus.

Außerdem wissen wir nicht, was Lasange ist, und glauben, das sei ein Fußbodenbelag. Oder halten Sushi für ein Moped aus dem VEB Fahrzeug- und Jagdwaffen-Kombinat Suhl. Und wenn wir dann vom Wessi mal so was Gutes vorgesetzt kriegen, unverdientermaßen, fressen wir es mit den Fingern oder ziehen es gleich mit den Lefzen vom Tellerrand. Und dann lecken wir uns die Lippen und sagen: So, das kenne ich nun; das brauche ich auch nicht mehr zu essen.

Wir mögen es nicht, wenn ihr so über uns sprecht. Auch, wenn man uns sagt, dass kein anderes Volk der Welt so dämlich wäre, sich beim Aufgehen einer Kaufhaus-Tür am Sonntag in die Arme zu fallen und »Wahnsinn, Wahnsinn« zu brüllen – sind sie verstimmt.

Ja, und jetzt leben wir vom Arbeitslosengeld, obwohl wir nie was in die Arbeitslosenversicherung eingezahlt haben. Warum auch, wir hatten ja Arbeit. Wir sitzen auf unseren durchgepupten Sofas und nehmen übel und gucken undankbar. Dabei hätten wir doch Grund zu Fidelitas: Wo unsere VEB waren, blühen jetzt Landschaften. In den Grundbüchern steht längst ihr, ihr lieben Brüder und Schwestern – aber ihr lasst uns wohnen!

Allerdings können wir Demokratie und Lotterie noch immer nicht auseinander halten und wählen die PDS. Natürlich nur, um euch zu ärgern. Tja, der zehnjährige Umerziehungskurs ist voll danebengegangen. Jetzt hilft nur noch die schwarze Pädagogik: Schlagt uns, bis wir lachen!

So, ihr Brüder, nun nippe ich noch mal am Rotkäppchensekt, lege mir mein Lieblingslied »Die Partei, die Partei hat immer Recht« auf und mich wieder aufs Ohr. Zum Arbeiten sind wir Ostler nicht geboren. Mal sehen, vielleicht klatsche ich heute Abend noch einen Ausländer auf, wenn nichts Spannendes im Westfernsehn kommt. Vergesst bitte nicht, euren Solidarbeitrag zu überweisen. Es lebe die Deutsche Einheit, sie lebe hoch, hoch, hoch!

Eure Schafsnase Mathias

SOZIALISMUS, WARUM AUCH IMMER

In meinem Dorf in der dunkelgrünen Schorfheide, wo des Nachts der Elch sein Gehörn dröhnend gegen die Riesenbuchen schlägt und ab ein Uhr die Lemuren gröllern, hat die PDS einen überwältigenden Sieg errungen. 126 Erwachsene haben gewählt – Fischer, Kellner, Rentner, arbeitslose Holzarbeiter, eine Laden- und Poststellenbesitzerin und ich, der ich hier die Intelligenz vertrete, weil ich eine Pilz- und Sexualberatungsstelle betreibe und ab und zu den Hofhunden den Zahnstein entferne. 54 Alteinwohner beiderlei Geschlechts fühlten sich anfallartig vom demokratischen Sozialismus angezogen. Einer hat die Bibeltreuen Christen gewählt und einer die Reps – Willi, ein Suffkopp, der Pferdeknecht bei Hermann Göring in Karinhall war.

Mit dem Wahlgeheimnis ist es nicht weit her bei uns. Meistens hagelt es am Vorabend von Wahlen freimütige politische Bekenntnisse in der Kneipe, die fast nie in Prügeleien, aber manchmal im Deutschlandlied und in »Adelheid, schenk mir einen Gartenzwerg« münden. Auch diesmal schrien welche: »Wir wählen immer Kohl!« Aber nur, um den Wirt zu ärgern, der in der DKP oder der KPD ist, aber – Konspiration! – über Politik verbissen schweigt.

Am Wahltag wird man, ob man will oder nicht, auf dem Laufenden gehalten. Als ich gegen Mittag ins alte Gemeindehaus kam, saßen die Wahlhelferinnen auf den Stufen in der Sonne und hatten die Kittelschürzen bis zum Schritt hochgezogen. Ich sagte, sie sollten sich hinter die Tische scheren, ich wolle den Roten zum Siege verhelfen (man muss forsch auftreten bei uns, sonst hat man verspielt). »Da bist du schon der Dreiundzwanzigste«, rief die zellulitische Greta. Und Frau Koch, die auf dem Katasteramt, wo sie tätig ist, wunderbare Kakteen im Fenster hat, berichtete empört, dass Willi »aus Protest« im Wahllokal einen Mörderischen fahren gelassen habe. Sie weiß nun nicht, ob der ins Protokoll gehört. Der Wahlakt selber war wie immer: Ich wurde genötigt, die Kabine zu benutzen, und Greta sagte: »Wenn du willst, komme ich mit rein.« Ich kündigte an, dass ich pünktlich um neun zur öffentlichen Auszählung erscheinen würde, denn der Wahlbetrug läge hier ja förmlich in der Luft. Zur Auszählung bin ich dann doch nicht gegangen, denn schon kurz nach der Tagesschau hat mir die Nachbarin zugerufen, jetzt sei es amtlich, die meisten Leute hätten kommunistisch gewählt.

Mir ist das, ehrlich gesagt, ein Rätsel. Es kann doch nicht an dem charismatischen André Brie gelegen haben! Oder an der standfesten Wahlaussage, dass Frauen im »Europa der Völker strukturell benachteiligt« seien. Oder an der knallharten Forderung, dass die Rechte des Europäischen Parlaments gestärkt werden müssen. Gewiss, oft und gerne diskutieren wir in der Dorfgemeinschaft das Problem, was die deutsche EU-Präsidentschaft unter Gerhard Schröder für die Europäer, insbesondere die in der Schorfheide gebracht hat. Erschöpft, aber glücklich gehen wir nach solchen Debatten in unsere Hütten und hören fiebrig die Weltempfänger ab, was es denn Neues aus Brüssel gibt ...

Wahlwerbung fand in unserem Dorf nicht statt. Wir liegen zu weit ab von der Bundesstraße. Ich glaube, ganz unbeeinflusst von der Suggestivität der Wahlplakate konnte in der Dorfbevölkerung der Gedanke reifen, dass es mal wieder an der Zeit sei, in Sozialismus zu machen. Warum auch immer. Und sei es nur, weil Walter Ulbricht, der im Jagen 028 hier mehrmals auf Pilze gejagt haben soll, nun so ein schlechter Kerl auch wieder nicht war. Um die Wahlentscheidung der Bürger in politische Aktion zu verwandeln, schlage ich an der Linde einen Zettel an, mit dem ich alle PDS-Wähler zu Freibier einlade. Vielleicht bilden wir aus dem Stand einen Arbeiter- und Soldatenrat? Aber vermutlich werden nur die Trinker kommen, die immer kommen.

Die Partei der Bibeltreuen Christen hat übrigens der einzige junge Mensch gewählt, der noch durchs Dorf läuft, weil er weder im Knast noch im Alkoholentzug ist und sich auch nicht an einem Alleebaum totgefahren hat. Er wollte mal sehen, was passiert, wenn er die wählt, hat er gesagt. Irgendwas mit Gott, oder so. Heute ist schon Mittwoch und es ist noch immer nichts passiert. Außer, dass ihn plötzlich alte Frauen grüßen. Das ist ihm natürlich unheimlich. Das nächste Mal ist auch er nicht mehr dabei.

NACHFOLGEVOLK OHNE RÄSON

Der Bundeskanzler hat wiederholt gesagt, was jetzt Staatsräson ist. Schlimm genug, dass er das auch nur einmal sagen muss. Staatsbürger, die den Titel verdienen, spüren, was die Glocke schlägt: Reservisten wichsen die Stiefel und die Frauen kaufen Mehl und Zucker für die Bevorratung ein (wie in zahlreichen Dörfern des Siegener Landes vorbildlich geschehen). Auch mal wieder ein Blick in den Keller, ob Proviant für 48 Stunden, Notaborte, Decken und ein gefüllter Löscheimer bereitstehen, könnte nicht schaden.

Staatsräson ist – um es auch dem Spätzünder zu sagen – in Treue fest zu den Verbündeten zu stehen. Das gilt auch in Friedenszeiten – nur da ist Staatsräson natürlich wohlfeil, man spürt sie ja nicht. Ob Staatsräson wirklich klappt, zeigt sich erst, wenn man sie durchhält, obwohl sie einem ganz und gar blödsinnig erscheint. Staatsräson ist, das Falsche zu tun und zu wissen, dass es falsch ist. Beide Bedingungen müssen erfüllt sein, sonst ist es keine.

Denn Freundschaft steht über aller Erwägung nach höhrem Sinn und niederem Zweck. Sie ist die höchste Moral. Man denke nur an Goethe! Und an Schiller! Und an die Luftbrücke! Räson heißt »Vernunft«, »Einsicht«. Nun mag der Krieg einfachen Gemütern als unvernünftig erscheinen. Vernunft, also Räson, ist es aber, ihn trotzdem durchzuhalten. Und da sind wir jetzt: Aus dem Blitzkrieg auf dem Balkan ist ein Durchhaltekrieg geworden. Bisher hat ein Achselzucken gereicht; jetzt ist Räson vonnöten. »Einsicht« – da müsste es gerade bei den Ostlern bimmeln! Denen wurde Staatsräson – frei nach Friedrich Engels – mit »Einsicht in die Notwendigkeit«

aus dem Russischen übersetzt. Genauso wurde komischerweise auch »Freiheit« übersetzt, weil Freiheit und Staatsräson Synonyme waren. Oder sind: Schließlich stehen die Grundwerte Freiheit, Ordnung und Sauberkeit auf dem Spiel, und zwar nicht zuletzt auf dem Balkan, wo viel nachzuholen ist, weil man in manchen kosovarischen Siedlungen, deren Bilder Scharping ab und an hochhält, noch auf dem Donnerbalken kniet. Oder kniete. Denn dass das erst mal vorbei ist, dafür zumindest hat der Krieg gesorgt.

Nun rätselte gestern und rätselt heute und morgen wieder das politische Feuilleton, warum sich die Ostdeutschen mehrheitlich – nämlich annähernd zu 70 Prozent – der Staatsräson widersetzen. Das Orakel von Ilmenau, Frau Schipanski, summt etwas von »fehlgeleiteter Friedenserziehung«. Das ist übertrieben. In den Kindergärten spielten die künftigen Landesverteidiger mit Russenkanonen. Und dauernd wurde der führende Ideologe Wilhelm Busch zitiert, und zwar mit der NATO-tauglichen Parole seines Igels: »Der Friede muß bewaffnet sein.« Warum wohl, he? Nein, wenn Solana die leninistische Lehre vom gerechten und ungerechten Krieg auch nur quergelesen hätte, müsste er jetzt nicht nach Propagandaoffizieren rufen.

Eine große Westberliner Zeitung schrieb gestern: »Das Nachfolgevolk unterstützt die Nachfolgediktatoren.« Da ist schon viel Schönes dran! Vor allem erinnert es an die Nachfolgepartei und daran, dass Ossis eh alle PDS-Wähler sind. Wenn der Krieg noch ein paar Wochen geht, wird es wohl so kommen. Aber die Ostler nicht als eigenständige Population, sondern nur als Nachfolge-Verein der DDR-Mitläuferschaft aufzufassen, die auch ohne

Honecker ihren Stiefel weitermachen – so konsequent war bisher (von Stoiber und dem einstigen Regierungssprecher Hauser einmal abgesehen) selten einer. Da sind ja die Serben zurückhaltender: Die sehen in den Kosovo-Albanern immerhin eine ethnische Gruppe und nicht schlechthin eine Untergrundbewegung des Weltbösen. Aber sie sind auch konsequenter! Und spätestens jetzt muss sich der deutsche Kanzler fragen lassen, wieso er die Staatsräson, mit allen Grundwerten geschmückt wie eine Weihnachtstanne, auf dem Balkan verteidigt und zu Hause die Sache so einsauen lässt, dass die Nachfolgeostler über Tisch und Bänke gehen! Haben die Ostler nicht die gleiche Behandlung verdient, die man jetzt mit so viel Hingebung den Serben angedeihen lässt? Natürlich braucht man nicht den MDR zu bombardieren. Aber Wohnviertel, in denen die PDS haust! Das Karl-Liebknecht-Haus, in dem kleine Milosevics auf die Gunst der Stunde lauern! Mittelständische Unternehmen, soweit noch vorhanden! Das Druck- und Verlagsviertel der *jungen Welt!* Und Kraftwerke, damit Trittin endlich zeigen kann, dass man auch mit wenig Strom einigermaßen durchkommt, zumindest wenn man nur ein Nachfolgevolk ist.

Sehen wir der Wahrheit ins Auge: Die Ostler sind nicht zu 70 Prozent gegen den Krieg. Sie nutzen nur den Anlass, der Staatsräson grinsend zuzurüpeln: Mach doch deinen Dreck alleene!

OSTOBJEKT IN FLEISCHERHEMD VERSCHWUNDEN

Wer oder was war »Gundi«? Wer oder was auch immer – das Ost-Objekt ist allzu abrupt verschwunden. »Bild«, »Kurier«, »Super Illu« (um die widerlichsten zu nennen) hatten keine Zeit, es totzuschreiben. Steigerung der verkauften Auflage durch sich lang hinstreckende Krankheitsschübe, unterbrochen von »letzten Interviews« am Siechenlager und medizinische Bulletins, die den Auswurf im Taschentuch an die Leserschaft verteilen, hat Gundi ihnen vermasselt. Tamara Danz konnte (oder wollte?) sich nicht mehr wehren. Sie bekam den Decknamen »Rockröhre«, unter dem sie in den Zettelkästen der Musikredakteure versargt wurde, wahlweise im Computer auch unter dem Suchwort »Brustkrebs« aufzustöbern. Sie wurde zum einheitstauglichen, allerdings »wilden« Superweib befördert, mit dem sich anständig Kohle abfassen ließ, je unabwendbarer sie zum Liegen kam, desto mehr. Zum Schluss war sie alles Mögliche, als die wir sie nicht kannten: ein »ostdeutsches Sexsymbol«, eine »Rebellin mit typischer DDR-Biografie«, eine »Jeanne d'Arc vom Prenzlberg« und die »ostdeutsche Antwort auf ...« irgendeine amerikanische Type, die auch singt. Und dabei hat sie noch Glück, dass *Super Illu* nicht irgendeinen Nachttopf nach ihr benannt hat, der als Pokal an Dagmar Frederic weitergereicht wird!

Mit Gundi kriegen sie das nicht mehr hin! Seinen Abgang platzierte er in die Phase, in der Redaktionen am verwundbarsten sind – am Sonntag hängen nur ein paar lustlose Nachrichtenfuzzis rum. Bei Peter Borgelt (»Polizeiruf 110«) hatten *Bild*-Reporter wochenlang unter der

Veranda gekauert und Körpergeräusche notiert, bis die Schlagzeile geboren war, Titelseite und überm Kniff: »Borgelt – Es ist Krebs!« Auch Borgelt wurde mit dem letzten Schnaufer doch noch Einheitsdeutscher. Umso schöner, dass man der kommissarischen Leiche noch eine IM-Akte hinterherreichen konnte.

Über Gundi erfahren wir um zwanzig Uhr aus dem Ersten Westprogramm, dass er ein richtiger Arbeiter war und von seinen Fans »der singende Baggerfahrer« gerufen worden sei. Ein Original, dieser Gundi – irgend etwas Kerniges zwischen Gunther Gabriel, Marius Müller-Westernhagen und der singenden Herrentorte eben. Jetzt schwebt schon ein Bierpups über dem Toten. »Rote Hosenträger und Fleischerhemd« seien des Barden »Markenzeichen« gewesen, legt die Hauptausgabe der Nationalnachrichten zum Zwecke der gesamtdeutschen Entsorgung der sterblichen Überreste fest. Hier erfährt Gundi nun eine gewisse Verwandtschaft zu Jürgen von der Lippe, der allerdings Hawaii-Hemden bevorzugt (auch war Gundi nie so gut). Und dass Gundi »in den neuen Bundesländern eine Kultfigur« gewesen sei, teilt die Sprecherin mit. Alles klar: Gundi – der Guildo Horn des Ostens! Oder doch eher »der Rio Reiser des Ostens« oder »der Springsteen des Ostens«? Wie auch immer: Ostdeutsche sind nicht an und für sich auf der Welt. Wenn sie nicht irgendwie mit richtigen Deutschen vergleichbar sind, führen sie eine fragile Existenz, die – wie wir an »Gundi« sehen – tödlich endet.

Im Deutschland Radio bemühte sich eine Kollegin aus dem Osten, der RIAS-Hörerschaft und dem zarten, betroffenen Moderator zu erklären, dass »Gundi eben Gundi« war. Sie hinterließ ungläubiges Staunen: Man hört den Moderator Luft schöpfen. Will er jetzt wissen, ob Gundi ein Pendant zu Harald Juhnke war? Doch unerwartet schweigt er und spielt gleich einen Gundi-Titel ran. Es ist immer einfacher, wenn einer für seinen Abgang die Musik gleich selber mitbringt.

Im Fernsehen des ORB ereignet sich das Kulturmagazin »Querstraße«. Es ist ungenießbar, seit es von einer Wessa moderiert wird, die mit jedem durch die Zähne freigesetzten Wort die Überwindung mitspielt, die es sie kostet, in der Brandenburger Furche hocken zu müssen.

Durch die Behauptung, sie habe sich nicht von Willy Brandt vögeln lassen, hat sie eine gewisse Bekanntheit erlangt. Von Gundi wusste sie erstens, dass er gestorben war, und zweitens, dass seine Programme »aus Liedern und Zwischentexten« bestanden. Einer Kollegin – der kenntnisreichsten Chansonredakteurin, die der Osten übrig behalten hat – raunzte sie Stichworte in jenem Befehlston zu, der in diesem Sender nunmehr nicht nur intern zu herrschen scheint. Der Einspielbeitrag vermeldete tapfer, dass Gundi nicht selten, igitt, für die PDS sang und auch eine Akte hatte, »was seiner Popularität keinen Abbruch tat«. Anderntags konstatiert die Berliner Zeitung ganz richtig, dass die Stasi-Akte das einzige seiner Werke war, das Gundi – unter dem Künstlernamen »Grigori« – gesamtdeutsches Interesse verschafft hat.

Der Tag klingt aus mit »Tagesthemen«. Dort hat man die abschließende Nachricht zur Sache: »Fünf Alben« habe Gundi veröffentlicht, »eines bereits in der DDR«. Das Leben beginnt eben eigentlich erst im Westen. Auch wenn es alsbald zum Tode führt.

JETZT SPRECHE ICH

Ja, ich bekenne – auch wenn meine Zahnärztin sich angewidert abwenden, mein Hund mich ignorieren und meine Gattin schwören wird, dass sie mich nicht verlässt: Ich war ein Krippenkind.

Wir müssen uns stellen. Der *Spiegel* stichelt schon. IM, Pionierleiter, Psychotherapeuten, Hebammen, Lehrer, Richter, Trainer und Grenzerkommandeure mussten schon dran glauben. Wir Krippenkinder aber sollten uns die Reste unseres infantilen Frohsinns – wisst ihr noch, wenn es Pfannkuchen gab, he? – und unserer legendären Sauberkeit (»Erst der Po und dann die Pfoten – andersrum ist es verboten!«) bewahren.

Warten wir nicht, bis man uns einzeln entlarvt. Handeln wir, wie wir es mit dem Breichen eingelöffelt gekriegt haben: in Gruppe.

Wenn mich meine Mama am Montagmorgen gegen sechs entsorgte ... Ja, ihr habt richtig gehört! Ich wurde montags abgegeben und freitags, achtzehn Uhr dreißig abgeholt – Abendverpflegung wurde noch in der Einrichtung ausgereicht. Ich bin das ideale Gesamtkrippenkind, das Krippenkind an sich, der Mielke unter all den Hosenscheißern. Laut meinem damaligen Kaderentwicklungsplan sollte ich Staatssekretär für Kirchenfragen werden – und ich wäre es geworden, etwa 1994. Mein erstes Wort war nicht »Mama«, sondern »A-a« (das zweite schon war »Morgenappell«). Denn nur, wer Stuhldrang durch Handaufheben meldete, wurde vom Bett abgefesselt. Aber wehe, wenn dann nur heiße Luft kam! Das war Verscheißerung der Gruppe und unserer weißen Tanten (meistens Majorinnen und Majorsgattinnen)! Wer eingeplattert hatte, wurde von der Meute kreischend mit Fröbel-Holzklötzchen gesteinigt. An den Narben auf der Stirn erkenne ich noch heute jedes ehemalige Krippenkind.

Aber es gab auch ausgesprochen heitere Momente: Wir saßen auf den Töpfchen unterm Stalin-Bild – die Tante sang »Suliko« zur Harmonika, wenn nicht gerade Ulbricht im Radio sprach – und durften nur aufstehen, wenn alle gemacht hatten. Hei, war das ein Anfeuern und Daumendrücken und kollektives Flatulieren! Ein Mannschaftswettbewerb, wer die Rote Grütze vom Mittag am raschesten in braune verwandelt (Achtung, quasipolitisches Farbsymbol für verinnerlichte nazistische Tendenzen!). Deshalb unternehme ich auch heute so gerne Busreisen mit der Volkssolidarität – das Urinieren im Kollektiv an der Rastätte Bayreuth-Nord: einmalig!

Wir haben das alles verdrängt!

Inzwischen wissen wir natürlich, dass wir nicht »Wir«, sondern »Ich« sagen müssen. Wenn wir am Klärwerk in einer Art Hundegeschirr spazieren geführt wurden, haben wir immer aufeinander gewartet.

Später, im Demonstrationszug der FDJ, brauchte uns kein Zehnergruppenleiter zu erklären, wie man Reihe hält.

Und '89 auf dem Leipziger Ring! War das ein Gruppenkuscheln! Wenn die Stasi durchgesagt hätte: »Zwei und Zwei, und schön die Füßchen heben!«, dann hätten wir uns auch bei den schwitzigen Händchen gefasst.

Kriminologen und Psychologen aus dem Westen helfen uns jetzt dabei, uns aufzuarbeiten. Denn jetzt sind wir gemeinsam älter und Täter geworden.

Die Erwachsenen von drüben sind uns aber gar nicht

böse deswegen. Das gefällt uns, denn in der Krippe haben wir auch Lob bekommen. Unsere Wochenkrippe trug den Ehrentitel »Bereich der vorbildlichen Sicherheit, Ordnung und Sauberkeit«. Das bekam nicht jeder. Nur die Schweinemastanlage und wir. Manchmal, einmal im Jahr, zum Internationalen Kindertag, trifft sich unsere Krippengruppe »Oberst Graf Schenk von Stauffenberg« wieder.

Dann wundern wir uns, dass wir aus Frauen und Männern bestehen. Denn in der Krippe waren wir nur immer künftige sozialistische Menschen gewesen. Einmal, als meine Mutter mich abholte, sagte die Vollzugsangestellte vorwurfsvoll zu ihr: »Ihr Kind hat während der Mittagsruhe sein Geschlecht entdeckt.« – »So?«, sagte meine Mutter, »welches hat es denn?« und versprach, dass sie die Ernährung umstellen würde.

Zwar habe ich keinen farbigen nichtdeutschen Mitbürger erschlagen und keinen Vertreter des vietnamesischen Volkes mit gesichertem Aufenthaltsstatus flambiert. Und auf einen hierorts aufhältigen polnischen Nachbarn habe ich nicht den Hund gehetzt. Insofern habe ich nicht alle Erwartungen der westdeutschen Analytiker erfüllt.

Aber das wird noch, meinen die, wenn Krippencorpsgeist wieder uns ergreift und wir die Bomberjacken anziehn.

Dann knallt's, aber richtig!

Und wir stehen erst auf, wenn alle was gemacht haben.

WAS CARSTEN ERZÄHLT

Warum sind wir im Osten irgendwie alle irgendwie, ich sag mal: Nazis? Ich weiß nicht, wie es bei meinen, ich sag mal: Kameraden ist. Ich kann nur für mich sprechen. Wir sind alle erst mal Nazis in Anführungszeichen, weil Hitler bei uns verboten war. Im Westen war er natürlich auch nicht gern gesehen, aber man konnte doch immer noch Bücher oder Orden kaufen, ohne dass die Stasi kam, sag ich mal. Bei uns war er streng verboten. Wir wären nie auf die Idee gekommen, bei den Pionieren Hitlers Geburtstag zu feiern. Wir haben aber immer Thälmanns Geburtstag gefeiert. Da gab es Kakao und Streuselschnecke und wir haben uns gegenseitig Lieder vorgesungen. Das frustet! Irgendwann fängt man an zu fragen: Und der Hitler? Hat der kein Lied verdient? Dann haben die immer alte Widerstandskämpfer reingetragen, die schon gesabbert haben. Die hatten meistens Strickwesten an und guckten immer so, als müssten sie jeden Moment losweinen, weil es im KZ so schlimm war. Das war so eklig, so keimig. Da sagst du dir natürlich als junger Mensch, so willst du mal nicht werden, mit verlegtem Darmausgang und so. Das Entscheidende, warum wir im Osten alle Nazis sind, ist natürlich meine Mutter. Die hat mich oft, wenn sie mir die Haare gekämmt hat, zwischen ihre Schenkel gestellt und dann ganz fest zugedrückt, bis mir die Nieren wehgetan haben. Wenn du so in der Klemme steckst und die lacht noch dabei, dann sagst du dir natürlich, dass das eine Demütigung für alle anständigen Deutschen ist. Mit meiner Oma war es genau dasselbe. Die wollte eigentlich, dass ich ein Mädchen werde, und hat mir, bis ich 12 war, immer ein Kopftuch von sich umgebunden. Irgendwann wirst du da zum Nazi. So war das bei fast allen von meinen, ich sag mal: Kameraden. Wenn ich mir heute das Kopftuch von meiner Oma um die Glatze binde, empfinde ich so eine Wut auf die Frau. Obwohl sie prima backen konnte. Mein Vater war ja nie da. Unsere Väter waren meistens bei der Kampfgruppe, zur Reserve eingezogen oder mit ihrem Kampfsport unterwegs. Manchmal hat er mich zum Waffenputzen in die MfS-Kreisdienststelle mitgenommen. So der Geruch nach Waffenöl und Leder und Kämpferschweiß! Beim Waffenpfriemeln haben die Genossen immer Wirtinnen-Verse gesungen. Die kann ich heute noch alle auswendig, bis auf einen, der sich nicht reimt. Um die Weihnachtszeit haben die, ich sag mal: Kameraden ein Adventsgesteck angemacht und sich gegenseitig Äpfel in die Munitionstaschen gesteckt; dabei ist bei uns Nazis im Osten so ein Gefühl für Zusammengehörigkeit entstanden. Irgendwie ist man immer auf der Suche danach. Ganz wichtig, warum wir alle quasi Nazi geworden sind, ist, dass ich keinen Hund haben durfte, sondern nur ein Meerschweinchen. Meine Mutter und meine Oma sagten immer, die Wohnung ist zu klein. Wenn ein Volk nicht genug Lebensraum hat, kann es sich keine richtigen Hunde halten. Irgendwann begreifst du natürlich, dass das deutsche Volk vor die Hunde geht, wenn es sich nur noch Meerschweinchen hält. Wir sind aber gar keine richtigen Nazis, sondern nur rechtsextrem. Mit die Ausländer und so. Das geht ja bis dahin, dass wir auch deutsche Frauen schützen müssen. Das kommt auf uns zu. Und in der Gegend hier gibt es auch einen Pferdemörder. Gerade hier in Salzwedel kenne ich eine deutsche Frau – also da würden wir mit unseren Hunden sofort da sein, wenn so ein Italiener oder Kanake die anmacht. Ich warte nur darauf, dass sie geschützt werden muss. Ich denke, wenn ich mit dem Mädel – sie ist Friseuse am Markt, wo früher die Drogerie drin war, und hat zwölf Klassen ... also dann würde sich das meine Mutter auch nicht mehr getrauen, mich so einzuklemmen, wenn sie mir die Haare kämmt. Oder ich würde es mir bestimmt nicht mehr gefallen lassen. Aber wir haben hier keinen Ausländer. Aber die kommen, das kannst du wissen. Wir lassen uns doch nicht verarschen. Wir haben Zeit.

AUCH WENN ER ZUCKT

Herr G., 42, ist Vorzeigearbeitsloser im Arbeitsamtsdistrikt Eberswalde. Vorbildlich war er schon bei seinem Rausschmiss vor einem Jahr. Da rief ihn der Betriebsrat zu sich und versicherte ihm, sein Betrieb sei nur zu retten, wenn er, der G., nach Hause ginge. Ihm fiel nicht ein, zu fragen, für wen sein Betrieb gerettet werden müsse, wenn er nicht mehr seiner ist.

Aber er ergab sich nicht in sein Schicksal und nicht dem Trunke, sondern wurde ein »aktiver und flexibler Arbeitsloser«, wie er im Märchenbuch steht. »Einer, der sich nicht aufgegeben hat«, wispern die Sachbearbeiterinnen auf dem Arbeistamtsflur, als sei Herr G. vom Krebs zerfressen und pfeife trotzdem La Paloma. Wenn es nicht gerade in Strömen regnete, war er mit dem Fahrrad unterwegs, um sich fit für den »ersten Arbeitsmarkt« zu halten, sammelte weggeworfene Pfandflaschen auf, eine Nebeneinnahme, die er natürlich angegeben hat, und fragte bei Betriebspförtnern der Umgebung nach Arbeit. Da galt er schon als Original. Er besuchte mehrere Kurse «Erfolgreich bewerben«, bei denen jeweils Herren aus dem Westen ihn vor der Videokamera herumtanzen ließen, ihn lehrten, dass der Kragen und die Nägel rein, die Zähne weiß zu sein hätten, dann das Honorar einsackten und verschwanden. Von seiner Gattin, der Frau G., ließ er sich scheiden. Er erklärte ihr, für die Verfügbarkeit am Arbeitsmarkt sei es besser, wenn er «keine Frau am Bein» habe. Jetzt hat er nur noch einen mittelgroßen Hund. Aber, sagt Günther, den kann ich jederzeit erschlagen und er habe mit ihm darüber schon gesprochen. Seine Möbel hat er, bis auf das Notwendigste – Tisch und Bett und Stuhl – auf dem Speicher eingestellt. Das passiert ihm nicht noch einmal, dass ihm eine Münchener Firma sagt, er könne innerhalb von 24 Stunden anfangen, und die Wohnung ist noch nicht aufgelöst!

123 Bewerbungen trägt Herr G. in 123 Klarsichthüllen mit sich, eine feiner als die andere. Er hat gelernt, dass man nicht «Werte Damen und Herren» schreiben darf, weil man dann als Ossi gilt, der die Wende nicht verkraftet hat. Seine makellosen Selbstdarstellungen («ich freue mich auf die Herausforderungen, die Ihr Unternehmen bietet ...») sind schon in Frankfurt/Main, Saarbrücken und sogar in Luxemburg gelesen worden. Er hat viele Absagen, die ihm Glück wünschen.

Wenn eine Einladung zum Bewerbungsgespräch eintrifft, findet sich Herr G. sofort im Kursbuch zurecht. Wichtige Schnellbahnrouten hat er im Gedächtnis. Herr G. weiß, was beim Casting abläuft. Er hat keine Angst mehr. Man soll den Kaffee, der einem angeboten wird, nicht ausschlagen. Das signalisiert geringes Selbstwertgefühl. Manchmal gibt es sogar Schnittchen. Schon wenn man durch die Tür hereinkommt, soll man einen flexiblen und dynamischen Eindruck machen. Herr G. kann ein

Lächeln, das einmalig in der Branche sein dürfte. Und erst seine Nägel! Fast nie sagt man ihm, warum man ihn nicht genommen hat.

Nur einmal wollte er es wissen und hat auf eigene Kosten, bis weit in den Westen hinein herumtelefoniert. Er habe, war die Auskunft, «mit dem rechten Auge gezuckt». Wenn G. vor dem Spiegel steht, tritt dieses Phänomen nicht auf. Die Frau, die ihm sagen könnte, ob er zuckt, hat er freigesetzt und der Hund versteht nichts davon. Jetzt soll ich ihm sagen, wenn sein Auge einen Veitstanz aufführt.

Zur Zeit ist Herr G. in Berlin zur Umschulung. Er fährt jeden Morgen im Regionalzug in die Metropole und kommt spät zurück. Er lernt dort, wie man sich bewirbt. »Immer optimistisch«, sagt er, sei sein Motto. Und wenn er zuckt – er sieht's ja nicht.

DER MENSCHLICHE FAKTOR

Überall lauern bestialische Intelligenz-Bestien. Die machen ihren ersten täglichen Tausender zwischen Frühstück und Morgenschiss, indem sie zum Laptop schlurfen, sich am Gemächte kraulen und per Mausklick dem Dax oder dem Nastak-Index eins auf die Nüsse geben! Sollen sie. Würden sie wenigstens die Klappe halten!

Da ist Zlatko, freigängiger Insasse aus dem »Big-Brother«-Hühner-Knast, eine Erfrischung. Der hat Gas-Wasser-Scheiße studiert, und man darf davon ausgehen, dass er nicht nur den Fußnagelschneider bedienen kann. Der Mann ist nämlich nicht blöd, auch wenn ihm über einem BILD- Kreuzworträtsel der Angstschweiß auf die flache Stirn tritt und er Shakespeare für ein Autofahrerbier hält.

Er hat vielmehr das, was Psychologen als Rettung für alle Begriffsstutzigen erst vor wenigen Jahren erfunden haben: emotionale Intelligenz. Oder, um es mit Zlatko zu sagen: »Ich habe eine Menschenkenntnis, du, da machst dir in die Hosen!«

Zlatko Trpkowski protzt nicht mit einer Kultur, die die Glückskinder des I-Commerz, die kleinen, schleimigen Über-Nacht-Millionäre, diese »Ich-bin-drin«-Mainstreamer, natürlich auch nicht haben. Der hat es nicht nötig, zur Premiere ins BE zu rennen und jede Multikulti-Bulette bei ihrem Namen zu kennen. Er muss nicht die Webside www. fetisch.de aufrufen, um eine Erektion zu kriegen. Er holt sich in seinem weiträumigen Beinkleid einen runter, während er dem Brodeln des Kaffeewassers zusieht und im Hintergrund Manu, sein deutschstämmiges Alter Ego, überlegt, welcher Wochentag auf den Mittwoch folgt.

Nein, Zlatko, der die Darmwinde durch die WG ziehen lässt, die halbe Hand während der Mahlzeiten in die Nase versenkt und seine Fußnägel auf dem Esstisch zu kleinen Häufchen sammelt, ist mir lieber, als die Neunmalschlauen, die »in Technologie-Werten machen« und auf deren Datenautobahnen keine Kreatur eine realistische Überlebenschance hat. Er ist der menschliche Restfaktor in der virtuellen Welt.

Verona Feldbusch, Stefan Raab und Guildo Horn hingegen sind miese, berechnende Fälscher, Verräter an der naturgewachsenen Einfalt. Sie beschmutzen das Doofe; und wer das tut, kann auch nicht wirklich lieben!

Zlatko aber – und auch seine Schwester im Geiste, die Regina Zintler hinterm vogtländischen Maschendrahtzaun – haben keine Rückfahrkarte aus dem Schattenreich der Beschränkten und Begriffsstutzigen. Das sollte wissen, wer Frau Zintler an der Chaussee nach Auerbach den Daumen heben sieht ....

»Zlatko, der wo Präsident wird«, stand auf einem Fan-Plakat, als der Held das Raumschiff verließ. Und das trifft's!

Präsident, das ist ja ein Amt, wo es auf Charisma ankommt. Die Deutschen haben schon einmal ihre Erfahrungen mit einem Präsidenten gemacht, der sich nicht schlauer stellte, als er war: Heinrich Lübke, der Zlatko der sechziger Jahre, nur nicht mit so einem geilen Body! Das »Liebe Mitbürger, liebe Neger« könnte auch von Sladdi gewesen sein. Und wenn nicht Präsident ... Kürzlich bekannte Gregor Gysi, dass er bei seinen Wahlkampf-Auftritten schon mal vergessen habe, in welcher Stadt er sich befand – wie weiland der demente Lübke. Das könnte Zlatko auch! Warum ihn also nicht als Frontmann für die PDS gewinnen? Ist sie nicht »ein offenes Projekt«? Und beseelt von einer oftmals an Doofheit grenzenden Ehrlichkeit?

Doch auch ohne Amt – Zlatko wird unsere Liebe behalten. Er nervt nicht, verlangt kein Mitleid und hat keine Botschaft.

Und das schönste ist: Wir halten ihn für flachköpfiger, als wir selber sind.

Was auch aus ihm werden wird – unvergessen bleibt sein Satz, der die Welt ein wenig übersichtlicher gemacht hat: »Wenn's losgeht, hat es angefangen oder andersrum – verstehst?«

GENERATION @

Erst gab es die Nachkriegsgeneration. Die ist tot – der Granatsplitter von Stalingrad ist dann noch zur Hauptschlagader gewandert.

Dann hatten wir eine Wirtschaftswundergeneration. Die stirbt gerade. Die hat in ihrer Gier zu viel Fleisch, Eier und Butter gefressen. Jetzt infarkten der Reihe nach die Herzen. Und es wurde noch nie so viel geerbt wie heute.

Dann hatten wir die Generation der Achtundsechziger. Die sind an allem schuld. An der Überfremdung, an der Benzinsteuer und am Niedergang der Volksmusik. Werden aber doch nicht hingerichtet, sondern nur abgewählt und frühberentet.

Dann kam die Generation X, auch genannt Generation Benetton, weil die Kerlchen so hässlich waren. Das X bezog sich vor allem auf die verhungerten Stelzen der bulemischen Mädchen.

Und jetzt die Generation @. Sie hat so wenig Sex wie keine Generation vorher, kreischt aber ständig: Ich bin drin!

Gestern habe ich die Tageszeitung gewechselt. Meine alte war mir einfach zu alt, zu schröderisch und zu merkelig. Ich dachte in meinem Sinn: So alt bist du ja noch nicht.

Ich rief eine Servicenummer an. Mein neues Blatt ist ein Urgestein der Pressegeschichte. Wahrscheinlich las man es schon zu Gutenbergs Zeiten, wenigstens jedoch seit dem Mauerbau. Ein quietschiges Girli am anderen Ende gratulierte mir, dass ich sie angerufen habe. »Hei – das ist toll und sogar ein bisschen super, dass du mich angebimmelt hast, Mathias. Oder muss ich schon Sie sagen?«

Und ich dachte: die findet dich auch ein bisschen toll und ein bisschen super. Und diese kleine, feuchte Gummiente soll ruhig Du zu dir sagen. Denn so alt bist du ja noch nicht.

Natürlich schickt sie mir die Zeitung! Dieses junge, hippe Blatt, das von geilen, jungen Edelfedern gemacht wird, bei denen der erste Oberlippenflaum und/oder die ersten Tittchen sprießen. Sie kümmert sich persönlich: »Das liegt bei mir ganz oben, Du! Toll, super!« – quak, quak.

Ich glaube fast, wir mögen einander, das Girli-Entlein und ich. Nur ganz zum Schluss sagt sie: »Nur noch eine Frage, nur wegen der Statistik, wie alt bist du?«

Ich hätte ja lügen können. Aber ich will da durch. Denn so alt bin ich ja noch nicht. Sechsundvierzig!

»It's great!« kreischt die Gans, »toll, super, da ist in unserer Dailynews bestimmt auch da und dort noch was für Sie dabei.« Das große Kreuzwort-Rätsel. Oder hier: Tips zur Linderung der Arthrose. Oder hier: Wenn Pelargonien die Köpfchen hängen lassen. Und die Schnäppchen bei Seniorenreisen.

Ich rufe einen Hosenhändler an, der ganzseitig in Magazinen wirbt. Ei, wie freut man sich in der Hosenbude über meinen Anruf! »Und, darf ich fragen – nur wegen der Statistik – wie alt sie sind?«

Sechsundvierzig, sage ich und schäme mich, dass ich rot werde, obwohl's doch keiner sieht.

»Naja«, sagt das Callgirl aufmunternd, »warum denn nicht!«

Tja, warum denn nicht! Andere Menschen werden mit ganz anderen Krankheiten fertig, mit AIDS, Schizophrenie und Exhibitionismus. Warum darf da einer nicht auch mal sechsundvierzig Jahre alt sein – wenn es behandelt wird.

»Bauchgröße oder normal?«, fragt sie.

Zack, ich bin rausgefallen! Ich bin nicht mehr Zielgruppe. Im Fernsehen gibt es für mich nur noch Theo Lingen, im Radio nur noch Peter Maffay. Fischer joggt sich in die anale Phase zurück. Schröder macht Deutschland fit fürs nächste Jahrtausend.

Das Schöne aber ist: emigrieren muss ich nicht. Auch wenn ich vielleicht nicht mehr ganz so teeniemäßig rüberkomme wie der Kanzler und sein Spicegirl Doris.

Der Unternehmensberater, der den Verlag Rowohlt Berlin sanieren soll, verkündet sein Rezept: Nur noch Bücher von Autoren bis 35. Recht hat der Mann. Alles andere wird zu textlastig! Allein Menschen über vierzig auf der Straße zu begegnen, ist eklig – soll man sie etwa auch noch lesen?

Ich versuche es mit einem Nebenjob als Kleindarsteller. In Babelsberg drehen sie die Schlacht bei Stalingrad. Alte Herren vom Volkssturm spielen auch mit. »Was«, ruft die Frau von der Castingfirma durchs Telefon, »erst sechsundvierzig? Da müssen wir sie noch etwas auf alt schminken!«

Das beruhigt. In Stalingrad fallen, das darf ich noch.

DAS ERTRAGEN WIR NICHT

Das kleine geschundene, friedliebende, tapfere, selbstlose, haushälterische – dennoch großzügige, stolze, mutige, zähe, starke, hygienische, humorvolle, musikalische, schwindelfreie, schwimm- und flugtaugliche, tierliebe, lebensfrohe, lendenstarke und schöne (bzw. edle) Völkchen der Kosovaren, der albanischen Kosovaren natürlich (nicht zu verwechseln mit den feigen, widerlichen, kriecherischen, geizigen, humorlosen, impotenten usw. kosovarischen Serben), zieht nun mit uns, den im großen Konzert der Völker ebenfalls überaus sympathisch aufspielenden Ostdeutschen gleich und in eine neue Zeit. Ja, man kann sagen: Seit voriger Woche haben wir jede Menge albanische Brüder und Schwestern. Die Kosovaren haben – nach langem Hin und Her, ob sie nicht doch den Zloty nehmen oder den Wert ihres Besitzes in Schafsfellen ausdrücken wollen – die Deutsche Mark zu ihrer Landeswährung erkoren. Und ein oberster UNO-Verwalter hat diesen verzweifelten Akt der Selbstbereicherung besiegelt und beglaubigt.

Ein bisschen ungläubig, vielleicht sogar ein wenig scheel schauen wir Ostler auf den Balkan. Aber, alle Achtung, die haben das geschickt eingefädelt! Was haben wir Ossis nicht alles auf uns genommen, bevor die Bundesbank die Tresore unseres SED-Zentralkomitees mit Westgeld füllte! Wir haben laut im Chor vor Hunger geschrien. In Zittau hat sich ein Mann beim Hechtsprung nach einer ihm zugeworfenen Banane effektvoll den Hals gebrochen. Als Beweis, dass unsere Seelen geschunden und unsere Sinne verwirrt sind, haben wir Bärbel Bohley und Konrad Weiß vorgeschickt. Nur ganz langsam begreift nun die Welt, dass wir nicht alle wie Bärbel und Konrad aussehen, sondern z. B. auch spitz und kokett sein können wie Vera Wollenberger.

Außerdem hatten wir den Umgang mit der D-Mark schon viele Jahre lang heimlich geübt. Wir rochen sie in der letzten Ecke des Mantelfutters einreisender Onkel und Tanten. Wir mussten, als die Freiheit kam, nicht erst lernen, wie man den Wert von Menschen in Westmark ausdrückt. Die Intershop-Verkäuferinnen bestimmten bei uns, wo's langging. Als die D-Mark endlich da war, haben wir für die Kameras in kotzkalten Nächten vor den Sparkassen übernachtet und beim Anblick der ersten Scheine Orgasmen simuliert.

Die albanischen Kosovaren mussten sich nicht zum Affen machen. Sie hatten ihren Ehren-Albani Rudolf Scharping, genannt Greueltaten-Rudi. Sein effektvoller Umgang mit Schnappschüssen amerikanischer Vielflieger hat die Bundesbank unvorsichtig gemacht. Die Banker haben geglaubt, dass von Albanern, die dauerhaft in Rudis Gemeinschaftsgräbern liegen, keine Gefahr für die D-Mark ausgeht. Aber nein, auf wundersame Weise sind nicht wenige der von Scharping totgeweinten Albaner glücklich, wenn auch von Vergewaltigung gezeichnet, wieder auferstanden. Arg verwundert meldet die Bundesbank, dass sich nicht geringe Mengen des nationalen Bargeldvermögens bereits im Kosovo herumtreiben. Man muss also gar keine Geldtransporte organisieren. Dank auch der immensen Spendenbereitschaft der Zuschauergemeinde des ZDF!

Was liegt nun näher, als die Knete endlich auf ordentlichen D-Mark-Konten zu bunkern und den Kosovo als neues Bundesland anzuschließen. Zumal Schröder dort bereits durchrauscht, ohne sich in Belgrad, wo immerhin die Regierung sitzt, auch nur anzukündigen. Helmut Kohl hat den Modrow ja damals auch nicht gefragt, ob er den Sachsen in Dresden den Anschluss versprechen durfte.

Viel ist schon erreicht: Die Fruchtzwerge sind in Priština und der ADAC verschenkt Kugelschreiber. Doch ohne stattgehabte Währungsunion werden Deutsche im Kosovo keine Immobilien erwerben, Professoren aus Heidelberg keinen Lehrstuhl für kosovarische Poesie übernehmen, Lothar Spät rettet dort nicht die Kleinindustrie, Ernst Dieter Lueg wird nicht Fernsehintendant, Gauck nicht Geheimdienstchef und Jochen Vogel bzw. Rudolf Dreßler bzw. Peter Glotz werden nicht Ministerpräsident.

Jetzt wächst zusammen, was zusammengehört. Doch die Kosovaren seien gewarnt: Behauptet nie, dass ihr Deutsche zweiter Klasse seid!

Wenn uns jemand an die Privilegien will – das ertragen wir Ossis nicht.

DENKEN IN DEUTSCHLAND

Man kann morden in Deutschland, mit Bio kochen in Deutschland, sich den Nabel mit Astern bepflanzen in Deutschland, Golf, Tennis und Bundeskanzler spielen in Deutschland. Aber denken?

Bamberger Psychologen haben einen Feldversuch gemacht, um rauszukriegen, wie man in Deutschland denkt. Ein Feldversuch ist keineswegs eine Acker-Verkostung. In diesem Fall aber doch so ähnlich: Man wollte wissen, was für eine Saat aufgegangen ist nach vierzig Jahren Freiheit hüben und vierzig Jahren Diktatur drüben.

(Nun will der Leser gewiss wissen, was bei mir »hüben« und was »drüben« ist – das sag ich aber nicht!)

Über den Ostdeutschen weiß die Wissenschaft bisher nur, dass er zur Klasse der Säuger gehört, über einen ausgeprägten Kuscheldrang verfügt, in Rudeln um Imbissbuden herumsteht, beim Fußball gelegentlich zum Schwein werden, jedoch einen Effektivzins nicht von einem Nominalzins unterscheiden kann und den Dax für ausgestorben hält. Für den Bamberger Idiotentest waren Ostdeutsche ausdrücklich erwünscht. Eine noble Geste der Wissenschaft: Man hat dem Ossi damit a priori eine gewisse Restintelligenz zugebilligt.

Über die Ex-DDR lacht ja inzwischen nicht nur die Sonne, sondern die ganze Welt. Die Ostdeutschen liegen auf der Intelligenzskala weit hinter den Albanern, denn die waren wenigstens pfiffig genug, sich zu bewaffnen. Und doch sind die Bamberger Professoren von den Kerlchen in den angeschlossenen Gauen überrascht worden. (Den exakten Versuchsaufbau kann man in »Psychologie heute« vom März 2000 nachlesen.)

Getestet wurde der »Problembewältigungsstil«. Das war natürlich von vornherein unfair. Denn der Westdeutsche hat viel mehr Übung mit Problemen. Sein Körper ist eine wandelnde Problemzone; er weiß genau, welche Persönlichkeitsreserven er mobilisieren muss, wenn sein Deo versagt oder wenn die Dr. Best-Ultraflexibilitätszahnbürste im Rachenraum splittert. Der Ostler hingegen kennt eigentlich keine Probleme mehr, sondern nur noch Schicksal. Und das ist bekanntlich, wie es ist.

Um Chancengleichheit zu wahren, sollten die Testpersonen statt der eigenen lieber Probleme von Leuten ganz weit weg bewältigen. Als erstes waren am Computer die

Moros zu retten, ein nomadisierendes, von der Tse-Tse-Fliege genervtes Völkchen in der Sahelzone. Die Westler gingen frisch ans Werk, eine hochintelligente schnelle Eingreiftruppe. Erst mal führten sie die Buschzulage ein. Doch weil man sich bei einem Nomadenstamm nicht ins Grundbuch eintragen lassen kann, verloren sie rasch den Spaß an der Sache. Natürlich versuchten sie noch, den Moros Gebrauchtwagen zu verkaufen. Dann war Schluss – Tausende Hungertote blieben am Wegesrand zurück, einige durchaus schon im elganten Sakko von C & A.

Auch die Ossis ließen Leute verhungern. Aber viel langsamer. Den Sterbenden gaben sie mit auf den Weg: »Es war nicht alles schlecht«, und schickten Roland Neudert zum Schunkeln bis zum Abwinken.

Als zweite Denksportaufgabe sollte ein Flächenbrand in den schwedischen Wäldern bekämpft werden. Die Ossis wählten zunächst einen Wimpelträger und bildeten eine zentrale Einsatzleitung – das heißt, sie forderten auf dem Wege der Amtshilfe pensionierte Feuerwehroffiziere aus Hessen und Niedersachsen an. Bis die ihre Gehälter ausgehandelt hatten und eingetroffen waren, wurde es schon ziemlich warm in den schwedischen Wäldern.

Die Wessis dagegen löschten kräftig und mit Sand. Das ging so prima, dass ihnen genügend freie Zeit blieb, an manchen Ecken den Wald gleich wieder anzuzünden, damit sie den Schweden schwere Technik von Krupp und Thyssen verkaufen konnten. Zumindest am Computer fackeln sie nicht lange, ganze Völker ins Elend zu stürzen. Die sind schon toll bei so was! Vielleicht hätte ihnen nur mal einer sagen sollen, dass es sich bei der deutschen Einheit nicht um eine Computersimulation handelt.

Aber eine Macke haben die Wessis, sagen die Psychotester: Wenns mulmig wird, verlieren sie rasch die Lust, egal ob Moros hungern oder Schweden brennt. Dann ziehen sie sich einfach zurück. Ob das für den Osten ein Grund zur Hoffnung ist, weiß ich nicht.

ANGST

Die Russen sind bekanntlich zum Jahresende noch heftiger betrunken als sonst. Die Schweizer zählen Geld und bereiten die Steuererklärung für das neue Jahr vor. Die Franzosen plaudern gern darüber, was sie essen und wie sie es kochen wollen. Die Deutschen aber sind beschäftigt – sie haben Angst.

Kurz vor Ultimo verkaufen alle demoskopischen Institute Angstprognosen an die Agenturen. Mal heißen sie »Die größten Sorgen der Deutschen«, ein andermal neckisch im Bundespräsidenten-Jargon »Wo uns der Schuh drückt«. Eins gilt als ausgemacht: Es kann nur schlimmer kommen. Nachdem sie das ausgedrückt haben, böllern sie.

Die Weltöffentlichkeit wäre gut beraten, sich das »Angstbarometer« der Bundis gut anzugucken. Denn wenn die Deutschen erst einmal Angst gehabt haben, waren sie bekanntlich zu den gröbsten Gemeinheiten fähig. Sie hatten einen Heidenbammel vor dem französischen Erbfeind, die Phobie, plötzlich als Volk ohne Raum in der Weltgeschichte herumzutorkeln, vom Bolschewismus geschändet und vom Judentum geprellt zu werden. Entsprechend haben sie sich vorsorglich gewehrt. Sie schaffen sich Regierungen, die mindestens genauso viel Angst haben wie sie. Und wer nicht glaubt, zu kurz zu kommen, kann bei ihnen nichts werden.

Dabei tauchen in den Fragespiegeln der Angstforscher überhaupt keine wirklich ekligen Dinge auf, die man vielleicht durch Mistelteekuren, Bachblüten-Therapie oder Übertritt zum Buddhismus beseitigen könnte. Die Angst vor Impotenz und Frigidität beispielsweise, zu der doch gerade die Deutschen im mittleren Management allen Anlass haben, spielt überhaupt keine Rolle. Mit Impotenz könnten sie leben, aber nicht mit Ausländern. Ähnlich ist es mit Inkontinenz (»drei Millionen Deutsche müssen nachts raus – da hilft Granufink«). Nicht ganz dicht zu sein, ist unangenehm. Aber nicht zu wissen, wie sich der Euro auf Bundesschatzbriefe auswirkt, das ist eine Katastrophe. Auch hat in den letzten Jahren kein einziger Deutscher zum Jahreswechsel seine begründete Angst ausgedrückt, durch den Konsum heimischer Medienangebote rasant zu verblöden. Im Gegenteil: Wenn sie ihre Ängste »formulieren« (formulieren? Ankreuzen, das können sie!), wähnen sie sich im Vollbesitz ihrer Urteilskraft. Je wahnhafter ihr kollektiver Wahn, desto sicherer sind sie sich ihrer Vorurteilslosigkeit. 100 % haben Angst, dass man ihnen was wegnimmt, 0 % haben Angst, dass sie zunehmen wie die Sauen im Eichenhain.

Von den zwanzig Angstrubriken, die BILD-Leser und MDR-Zuschauer tippen durften, sind achtzehn auf die Verlustängste der Jahresendneurotiker aus. Vor »nur drei Wochen Urlaub« fürchten sich die Hälfte der Befragten, wahrscheinlich auch die Arbeitslosen. Noch mehr wollen die DM nicht hergeben und für Benzin nicht zuzahlen. Die meisten, rechnet man zusammen, haben nicht nur eine, sondern zehn Ängste, von denen jede einzelne als Anlass für Bürgerkriege ausreichen würden. Dreiviertel fürchten die »illegalen Zuwanderer« – nach den legalen wurde nicht gefragt, denn dann hätte die Frage präzise »Fürchten Sie Fremde?« lauten müssen – und noch einmal die Hälfte der Befragten sieht »ausländische Konflikte in Deutschland« auf sich zukommen. Aber natürlich sind wir keine Rassisten und Nazis: Ebenso viele, wie die »Zuwanderer« fürchten, fürchten auch »ausländerfeindliche Aktionen« (Vignette für Analphabeten: Baseballschläger) und »rechtsradikale Strömungen« (Vignette Reichskriegsflagge).

Was aber ist die aller-, allergrößte Not der Deutschen im kommenden Jahr? Man sollte es nicht glauben: das ist die Vernichtung der Regenwälder! Weil, Bäume abhacken ohne Genehmigung vom Ordnungsamt, das macht man nicht! Und wenn dort, wo die Regenwälder regnen, Deutsche was zu sagen hätten, würde das, verdammt noch mal, auch nicht passieren!

Aber die Welt ist eben falsch eingerichtet. Und so müssen wir fürchten, dass auch im neuen Jahr die Erdbeerernte sehr zu wünschen übrig lässt. Weil zu nass. Oder zu trocken.

WAS HABEN WIR FALSCH GEMACHT?

»Ostdeutsche immer beliebter!«, titelte neulich mein Boulevardblatt. Muss es nicht »beleibter« heißen? Doch tatsächlich: Nur noch 62 Prozent der Altbundesbürger können uns Ostler partout nicht verknusen. Was haben wir da falsch gemacht? Ist es unser »ungeheurer Fleiß und die Anpassungsbereitschaft«, die Kohl bei der Umwidmung des Leipziger Hauptbahnhofs in ein Einkaufscenter mit Regionalbahnanschluss lobte? (Nicht zum ersten Mal – aber noch nie haben sich drei Bauarbeiter für eine nationale Aufgabe vom Gerüst gestürzt.) Oder mehrt die Tatsache, dass der Trabant den Elchtest bestanden hat, unseren Ruhm bei den Haltern gepanzerter Mercedes-Limousinen? Oder hat uns die auflagenfette Kotzprinte *Super Illu* diese sagenhaften »Sympathiepunkte« eingefahren? Immerhin hat sie aus dem Wonneproppen und Lausitzer Legastheniker Achim Mentzel einen berühmten Deutschen gemacht und ist sicherlich schon dabei, ihn zum Sexsymbol der Germanin über 30 hochzujubeln oder ihn wenigstens bei Verstopfungen zu empfehlen.

Wie auch immer – wir sind selig. Dennoch brauchen wir keine Angst zu haben, beim Shopping auf der Kö in Düsseldorf zu Boden geknutscht zu werden (denn das Geruchsproblem hat sich verschärft, seit wir alle wieder auf Spee umgestiegen sind). Außerdem werden immer noch schöne Gelegenheiten vertan, uns Liebe zu zeigen. Zum Beispiel, wenn Christiane Herzog bei ihrer Koch-Orgie mit Alfred Biolek eine echte Dederon-Kittelschürze angezogen hätte. Wenigstens für die Suppe! Dederon – da ist das liebe Wörtchen DDR versteckt – war die Antwort auf das dekadent knisternde Perlon aus dem Westen. Frau Herzog hat da eine Chance verpasst, nett zu uns zu sein.

Dabei sind wir so lernfähig. Seit der Wiedervereinigung haben wir 30 000 neue Wörter gebimst. Das ist der Grundwortschatz einer Fremdsprache wie Suaheli oder Oberbayerisch. Wir sagen z. B. jetzt nicht mehr »Meine Frau hockt nicht zu Hause«, sondern »Meine Gattin ist außen vor«. Lediglich zwei zarte ostdeutsche Wörtchen haben Einlass in das Deutsch der Mutterländer gefunden. Zwei Bürokratenvokabeln: »andenken« und »abnicken«. Dass der westdeutsche Bürohengst sich in diese Untätigkeitswörter verliebt hat, zeigt doch, wie gut wir zusammenpassen.

Wir geben auch. Damit die Westdeutschen leichter Verkehr haben, haben wir ihnen unseren grünen Pfeil zur Verfügung gestellt. Sie nutzen ihn aber nur zögerlich (Merke: Der Ostler zögert, der Wessi ist zögerlich). Das ist aber auch kompliziert für die: Die Ampel sagt »Halt!« und der Pfeil sabotiert sie. Die Ost-Berliner haben daraus einen Antiwessiwitz gemacht. Fährt sich ein Westler am grünen Pfeil tot. Was für Autos waren beteiligt? Ein Ford, denn »Ford, die tun was!« Und ein Opel – »Opel, wir haben verstanden«.

Bei aller Demut – Ruhe geben wir noch lange nicht. Die letzte Schlacht ist um das Ampelmännchen entbrannt. Wir wollen nicht von einem Typen übern Damm geblinkert werden, der wie ein westdeutscher Versicherungsvertreter aussieht, steif und keinen Arsch in der Hose. Unseres trägt Hütchen, wie Chruschtschow, Breshnew, Ulbricht und Honecker und der heimliche Ossi Udo »Schalmei« Lindenberg sie trugen. Es schreitet froh fürbass, wie wir früher, wenn es irgendwo Südfrüchte gab. Es ist die Materialisierung unserer Lebenserfahrung aus vierzig Jahren andauernden Klassenkämpfen: Vorwärts immer, rückwärts nimmer! Wer unser Ampelmännchen tötet, tötet auch uns.

In einigen Thüringer und Brandenburger Kommunen ist jetzt die totale Freiheit ausgebrochen. Das Ossimännchen wurde dort voll für den öffentlichen Dienst rehabilitiert. Denn bei aller Staatsnähe – es hat niemandem geschadet. Nur sind nicht mehr genügend da. Der Westen war mal wieder schneller. Viele wurden unter unhaltbaren ideologischen Anschuldigungen abgewickelt und in den Vorruhestand gepresst. Bis zu seiner vollständigen Wiedereinführung dürfen wir nun »in Eigeninitiative«, also unter Einsatz unseres diktatur-erprobten Improvisationstalents, die dünnen Metallfolien in den Ampellampen herausnehmen und uns selbst unsere Ossimännchen schnitzen. Jetzt nimmt der Kerl endlich die Gestalt an, die wir schon immer haben wollten, vom Sozialismus geprägt, von Willi Sitte gezeichnet. Den Bizeps von Henry Maske, die Stirn von Manfred von Ardenne, den Busen von Kati Witt. Die ganze Vielfalt unseres ostdeutschen Phänotyps eben. In Erfurt wurde jetzt ein Ampelmännchen mit erigiertem Penis gesichtet – um die Ecke geht es zu Beate Uhse.

Nein, es war nicht alles schlecht! Aber jetzt, wo wir, wenigstens im Osten, wieder die Macht haben – über die wichtigsten Kreuzungen – ist es natürlich besser.

OSTLER IM KOMMEN

Der Kanzler hat den Osten zur Chefsache erklärt und schon jagt ein Rekord den andern.

Im Vogtland gibt es einen Mann, der länger auf einer Hand stehen kann als jeder andere Deutsche. Als seine Fabrik dichtmachte, hat er sich einfach auf eine Hand gestellt. Zuerst, um die Wessis zu ärgern – unter dem Motto »Die Welt steht Kopf«. Dann aber wurde mehr daraus: Lebenssinn, ja Leidenschaft. Mit der freien Hand kann er sich Kräutertee zum Munde führen und die Brust kratzen oder formvolle Bewerbungen schreiben. Vielleicht wird sogar eine ABM daraus.

In Thüringen hat ein Mann den Universalstopfen erfunden. Er deckt die ganze Bandbreite von Punica bis zum 4711-Fläschchen ab. Das Patentamt hat das Ding schon patentiert! Jetzt wird ein Investor gesucht. Dann liegt der Wirtschaftsstandort Deutschland stöpselmäßig vorn.

Oder die Köpenickerin, die Dederon-Kittelschürzen sammelt und daraus phantasievolle Tagesdecken schneidert, die sie nach Bosnien schickt!

Nein, Ostler haben keinen Grund, sich zu verstecken. Vor einigen Tagen hat der Osten den Westen sogar in der Zahl der Farbfernseher – wir sagen Buntfernseher – überholt. Im Osten haben schon die Säuglinge durchschnittlich etwas mehr als einen Buntfernseher. Die Westdeutschen wissen mit mehr als einem Fernsehgerät pro Kopf noch gar nichts anzufangen.

In dieser Entwicklung liegen aber auch Gefahren. Psychologen sprechen von einem Sättigungssyndrom: Dem Gefühl, alles erreicht zu haben, schließen sich Depressionen und suizidale Neckereien an. Die zahlreichen Wiederholungen im Fernsehen rufen zudem beim Ostler den Eindruck hervor, sein Leben sei ein einziges Einerlei zwischen Explosiv und Fliege. Dem ist aber nicht so.

Aber nicht jeder Ostler kann auf einer Hand stehen oder Stöpsel erfinden. Es ist nun an Gerhard Schröder, diesen Menschen eine Vision zu geben. Der Ausstattungsgrad mit elektronisch gesteuerten elektrischen Saftpressen zum Beispiel ist im Osten dramatisch zurückgeblieben. Dafür lohnt es doch zu leben.

DENN SIE WISSEN NICHT, WAS SIE TUN SOLLEN

Es gibt viel Elend in der Welt. Wenn man allein an die vielen Fuß- oder Mundmaler denkt, die jetzt wieder ihre Kunstagenten mit dem Bauchladen voller Postkarten vor meine Haustür schicken! Wessen Herz noch nicht aus Kalkstein bzw. erst teilkalkversteinert ist, dem wollte es just am vergangenen Wochenende schier zerspringen bzw. zerplatzen wie eine Ratte in der Mikrowelle.

Ich habe ab Freitagabend nach der Tagesschau Trauer getragen, sowohl was die Fingernägel als auch was die Unterhose betrifft. Schon früh um sechs stellte ich eine Kerze ins Klofenster, damit alle Menschen guten Willens beim Anblick dieses Lichtleins in der Finsternis wissen: Hier hat das Mitgefühl noch eine Herberge! Und natürlich auch, damit der Abort nicht einfriert.

Als ich zum Frühstück das Graubrot für die Meinigen brach, sagte ich, so fest ich konnte, wobei sich mir eine Träne entband und in den Malzkaffee rollte: »Denken wir heute besonders an die Familien der Mannesmann-Aktionäre, welch bittere Stunden sie durchleiden! Mit ihnen sitzt heute morgen die Angst zu Tisch. Sollen wir, so fragen ihre entzündeten Augen, auf das Angebot der Engländer eingehen und unsere geliebten Mannesmann-Anteilsscheine, diese hübschen Geldscheißerchen, in Vodafon-Aktien umtauschen – oder sollen wir lieber nicht? Und wenn wir es, getrieben von geiler Geldgier, schließlich doch tun – werden wir nicht eines bitteren Börsen-Tages unsere Immobilien und den Familienschmuck verkaufen, unseren Frauen den Sportwagen versagen und unsere Kinderchen von den Eliteschulen nehmen müssen? Solche Sorgen drücken diese armen Menschen nieder.«

Als ich so gesprochen hatte, stand meine Schwiegermutter, die gute Seele, spontan auf, lief ins Dorf, warf sich vor dem Gemeindeamt in den Schnee und schrie wie ein serbokroatisches Klageweib: »Solidarität mit den Mannesmann-Aktionären! Denn sie wissen nicht, was sie tun!« Und tatsächlich steckten ihr freundliche Leute ein paar Äpfel und ein angebissenes Stück Stollen in die Kunstpelzkapuze.

Jeder Besenstiel wird heutzuge beraten: Schwangere, Zweithaarträger, Flugängstler, Schuldner, Erektionsgestörte, Hochtonschnarcher. Doch wer berät Mannesmann-Aktionäre, einfache Leute, wie du und ich? Tapfere Cuponschneider sind von feindlicher Übernahme bedroht: Herr Gysi, ist das sozial gerecht?

Bis jetzt musste die Globalisierung immer herhalten, wenn man schnell mal ein paar tausend Arbeitsplätze loswerden wollte. Da war sie gut. Jetzt aber haben wir ihr Wesen erkannt: Globalisierung macht eklige Mitesser, im Gesicht und an der Börse. Schröder hat sich dahingehend eingelassen, dass von den Briten ohnehin nichts Gutes zu erwarten sei und die Deutschen schon recht daran getan hätten, ihnen weltgeschichtlich zweimal auf die Tellerhelme zu kloppen. Er hat eine ausgesprochen euphorische Presse in London bekommen.

Ich aber rufe euch zu: Spendet für Mannesmann – Decken, Brillen und Bohnen in der Dose. Und morgen abend achtzehn Uhr: Lichterkette von Bitterfeld bis Zörbig! Wer fehlt, kriegt die Stütze gekürzt.

POR NO!

Was machen eigentlich Herta Däubler-Gmelin und Inge Wettig-Danielmeier? Dem Namen nach zu urteilen leitet die eine einen Klöppelkurs. Und die andere den Lehrgang »Schnappatmung auf dem Gymnastikball«. Und was macht Sabine Leutheuser-Schnarrenberger? Die macht's richtig, die putzt ihren Doppelnamen. Wenn sie bei »erger« ist, hat »Sabi« schon wieder Grünspan angesetzt.

Diese Damen, und dann noch Frau Süßmuth, Frau Hildebrandt und noch zwei Dutzend andere Frauenzimmer quer durch alle Parteien haben ein Bündnis geschlossen. Ein Bündnis für Arbeit, vermutlich! Wer gibt Frau mit Kenntnis im Präsidieren und Vielfliegererfahrung einen 630-Demarkjob?

Nein, ein Frauenbündnis haben die geschlossen – gegen Krieg oder gegen die Wehrpflicht oder gegen Landminen. Nein. Gegen was viel Ekligeres: Gegen Pornos! Verdammt mutig, was?

»Por No!« heißt das verbündete Damenkränzchen. Das ist toll! Das geht überhaupt nur mit ganz wenigem. Eigentlich geht das nur noch mit einem Bündnis gegen die japanische Textilindustrie. Kimo No! Oder einem Bündnis für die italienische Küche: Pizzeri Ja!

Bei der Süßmuth hätte man aber eigentlich auf einen anderen Slogan getippt: »Jeder Porno ist ein Porno zu viel!« Das hat die so drauf. Immer am Winteranfang, wenn der erste Obdachlose erfroren war, hat sie mitgeteilt: »Jeder Obdachlose ist einer zu viel!« Eben, deswegen ist er ja erfroren.

Aber ist denn unsere Rita, die geile Nudel, nun persönlich pornografisch betroffen? Kursiert etwa ein Video, wo man ihr die Brille wegnimmt, und sie halbblind in einen Bauwagen polnischer Schwarzarbeiter torkeln lässt – das wäre natürlich Hardcore!

Also, um das gleich mal klarzustellen: Die Damen haben überhaupt nichts gegen Sex. Aber sauber soll er sein. Und wir sollen daneben wenigstens noch Die Zeit lesen, uns an ökologischen Bürgerinitiativen beteiligen und Gummis für albanische Kinder sammeln, Radiergummis. Die Damen haben aber was dagegen, dass sie beim Sex gefilmt werden. Denn das sei – »verführerische und verherrlichende Darstellung von Frauen«.

Sauerei! Frauen verherrlichen, das ist ja das Letzte! Man kann sich zwar nicht vorstellen, wie man das bei der Hildebrandt filmisch lösen könnte. Aber mit dem Computer kann man ja ganz neue Welten erschaffen.

Die Damen wollen ab jetzt beim Sex überhaupt nicht mehr gefilmt werden. Und sie wollen nicht, dass das dann als »Ritas rasender Ritt« in den Videotheken kursiert. Wir sollten das akzeptieren und nicht weiter in sie dringen.

Porno ist Volksverhetzung, sagen die Schwestern. Und darauf steht Gefängnis nicht unter fünf Jährchen. Das kommt ein bisschen plötzlich, was?

Aber es ist an der Zeit: Ich war immer schon dagegen, dass man mit Männern so fies umgeht. Wenn man bedenkt, was die da schaffen müssen. Oft weit über die drei Minuten hinaus, die der deutsche Durchschnittsmann dazu in der Lage ist. Schnaufend und schaufelnd ochsen sie im Geschirr. Und dann fallen sie zur Seite. Foltervideos sind das – das muss aufhören! Außerdem sind Pornos langweilig. Man erfährt so wenig über die Helden. Haben sie Schwiegermütter? Machen sie Diäten? Reagieren sie auf

Tabasco allergisch? Glauben sie an Gott und welche Partei wählen sie? All diese Fragen bleiben im Porno schmerzvoll offen.

Aber Volksverhetzung?

Wenn Langeweile jetzt Volksverhetzung heißt – dann bin ich für die Höchststrafe: Pimmel ab! Dann haben's die Damen geschafft: Die Gesellschaft ist wieder ein Stück weit weiblicher geworden.

MYTHOS WEIMAR

Wer oder was ist ein Mythos? Zarah Leander ist einer. Und Adolf Hitler. Honecker ist keiner (Dachdecker haben keine Mythen). Und Monica Lewinsky auch nicht (dazu wissen wir zu viel). Kann jemand oder etwas Mythos sein? Oder gibt es nur einen Mythos um einen rum (so was wie üble Nachrede)? Die europäische Kulturstadt Weimar ist jedenfalls ein Mythos. Zumindest 1999. Was anderes ist den Veranstaltern nicht eingefallen. Wie sie das Mythische (das natürlich immer etwas mystisch ist) hinbiegen, hat ihnen der nationale Schönsprech Roman Herzog vorgesungen. Weimar ist nämlich Deutschland »in nuce«. So deutsch kriegen wir es nicht wieder. Ich finde ja, dass München, Nürnberg, Aachen, das Koblenzer Eck, Eisenach, der Teutoburger Wald und die »national befreite Zone« Eberswalde auch ganz schön dicke deutsche Nüsse sind. Aber streiten wir nicht um die Früchte des Waldes, bleiben wir im Text: »Weimar ist Deutschland in nuce.« Was heißt das aber auch? »Das heißt aber auch, dass es eine Stadt ist, in der nicht nur Kultur und Geist, sondern auch Unkultur und Barbarei zu Hause waren.« Folglich bestimmt nicht mehr zu Hause sind! Da kannste klingeln und gegen die Türe rammeln, wie du willst. Die vier sind unbekannt verzogen und haben neben »schrecklichen Erinnerungen« eine ratlose Kulturstadt GmbH hinterlassen, die daraus nun einen Mythos basteln musste.

Ein Mythos ist, wenn man nicht sagen will, wie es wirklich war und wie es wirklich ist. Denn das wäre zu schnell vorbei. Daraus könnte man nicht ein Dutzend wrasiger »Weimarer Reden über Deutschland und Europa« zusammenrühren. Und Leute wie Richard Schröder säßen lustlos im Café und wüssten mit dem Sonntagvormittag nichts anzufangen. Ein Mythos ist, wenn man keinem wehtun will. Denn im Mythos wabert allerhand, Goethe und Buchenwald – irgendwo dazwischen stehn wir ja alle, nicht wahr? Fast so schön wie Herzog können es auch die Linksalternativen in der Gerberstraße an ihrer Hauswand ausdrücken: »Stadt der Dichter und Denker und Richter und Henker.« Von allem was. Das verspricht ein buntes Kulturstadt-Programm. Aus einem Mythos lassen sich Klanginstallationen, Off-Theater-Performances, Wasserspiele, Goethe-Torten, Nietzschehaine, Grußworte, abstrakte Kunst am Bau und Folklorefeste machen. Dagegen, wenn man nur die Leichen zählt, bleibt einfach eine Zahl. Das ist – wie viele es auch immer gewesen sein mögen – auf die Dauer doch zu wenig. Ich habe mir das Vergnügen gemacht und am Sonntagvormittag, als die Stadt garantiert frei war von Ideologen – denn die mussten alle Schröders Rede im Deutschen Nationaltheater hören –, auf dem Frauenplan Leute gefragt, wo der Mythos ist. Die Weimarer (nicht Weimaraner, das sind Köter!) sind nett. Wie soll man auch sonst sein, mit einem KZ in der Nähe? Sie haben mir vielfältig beschrieben, wie es zum Mythos geht und sind sich dabei über angebliche Abkürzungen in die Haare geraten. Die einen dachten, der Mythos (sie sprechen ihn »Mühdoss«) sei eine Szenekneipe, andere hatten eine Schmiede mit Schauvorführungen im Sinn. Einige zeigten vage Richtung Ettersberg. Ihr Mythos ist das Lager. Sie übersetzten »Müthos« mit »Sehenswürdigkeit«, Ausflugsziel. Über allem flattert das goethisch-saloppe »salve« – sei gegrüßt!

»Mythos Weimar« heißt auch eine Ausstellung im Goethehaus. Was heißt eine! Eigentlich heißen sie alle so, sowie sämtliche Reden, Predigten, Gartenhausverdoppelungen und »Zeitschneisen« aus dem lieblichen Grün heraus auf den grauen Ettersberg. Für den Mythos Weimar hat sich eine Wuppertaler Fotografin mit »wund-offenen Augen« *(Die Zeit)* auf den Weg durch die Stadt gemacht und jede Menge Goethe/Schiller-Masken, ebensolche Friese, Fürstengruften, Pflastersteine, Treppenhäuser, Grotten, Schlösser, Gartenhäuschen und Gärten zum Gartenhäuschen, Dachgestühle und auch ein »Tor aus der DDR-Zeit« abgelichtet, aufgerastert und riesig aufgehängt. Zum Schluss hatte sie sicher wund-offene Füße. Alles zusammen ist dann der Mythos, irgendwie sehr, sehr böse und dummerweise auch wieder sehr, sehr gut. Die Weimarer haben sich für das Praktische, was weder gut noch böse ist, entschieden. Wenn man ihnen im lauen Tal der Ilm begegnet, rufen sie schon von weitem: »Obfoggeln müssde ma dos!« Oder: »Dass dos noch keener obgefoggeld hod!« Gemeint ist die Dublette des Goethe-Gartenhauses unter zerfetzter Bauplane. Gemeint ist auch der Schwarze Kubus, ein Theaterhaus an der Ilm. Gemeint ist der ganze Kulturkram, sofern er nicht den Einzelhandel belebt. Wozu einen Mythos haben, wenn man ein KZ auf dem Berg hat?

NUR FÜR OPFER

In meiner Nähe haben zwei Bibliotheken dichtgemacht. Dafür hat aber um die Ecke eine aufgemacht. Davor steht eine Bank wie aus dem schönen Lied »das ist die Rasenbank am Elterngrab«. Neulich zog es mich dahin. Es war schon Abend und aus dem Raum zu ebener Erde drang schummrig Leselicht. Ich machte die Tür auf – es war wie Advent. Um den Tisch herum, der mit Wurstbrötchen beladen war und auf dem der Kaffee dampfte, saßen Männer mit glänzenden Kindergesichtern. Es roch nach Weihrauch, guten Zigarillos und dem ungebeizten Holz, aus dem die Regale gezimmert sind. Die alten Kindergesichter machten mich sofort als Fremdling aus und verfinsterten sich, als wöllte ich ihnen an die Semmeln. Eine kleine Frau, Typ Religionslehrerin, stellte sich quer und fragte die Frage, die seitdem mein Leben bestimmt: »Sind Sie Betroffener?«

Tatsächlich, in der Tür, durch die ich noch nicht hindurch war, hing das Schild mit den »Öffnungszeiten für Betroffene«. Ich war in der Betroffenheitsbibliothek. Sofort memorierte ich für mich, was mich betroffen macht, und das ist eine ganze Menge, dürfte für den Einlass in ein simples Lesezimmer allemal ausreichen. – Das Scheißozonloch, das noch so weit weg ist, die Regierung, die so verdammt nah ist, die vierzig Jahre, verdammt, die ich verdämmert habe, ohne zu begreifen, dass ich ein Betroffener bin, der auch mal an sich denken soll. Ich troff vor Betroffenheit.

»Hier treffen sich«, sagte die kleine Frau, nun mit der Freundlichkeit einer Schließerin in Moabit, »die Opfer.« Schlagartig war mir klar, was das für ein erlauchter Kreis sein muss – in diesem Wohnzimmerchen die Opfer! Zwei Sekunden Stille, in der die Kannen dampften und die Mortadella transpirierte. – Mir schienen sie eine Ewigkeit.

Dunkelhaft oder Einzelhaft? Panzersprenger oder Minenspringer? Flüchtlingsschleuser oder Schleusenflüchtlinge? Gelbes Elend oder Waldheim?, riefen die seltsam verjüngten Opfergesichter ihre Alternativen durch den Raum. Nichts? Wer kein Opfer ist, ist Täter! Die Kriterien sind streng. Zu groß ist der Drang von einigen Millionen Erwachsenen, in die Betroffenheitsbibliothek eingeschrieben zu werden. Eilig lernen sie die Vokabeln, die als das mindeste Lese- und Lernniveau geltend gemacht werden müssen, wenn man nicht draußen auf dem idyllischen Bänkchen sitzen bleiben will: »Unrechtsstaat«, »Terrorregime« und »Stasikrake« – das muss man inzwischen schon drauf haben.

Leidend gewesen, herumgestoßen und zum Ding degradiert worden zu sein gilt paradoxerweise in dieser Gesellschaft, die doch auf »Unternehmergeist«, Risikobereitschaft und Selbsthelfertum setzt, als edel. Neulich traf ich einen Akademiker in Leipzig, der von sich sagte, er habe vierzig Jahre lang Berufsverbot gehabt – von seinem zwanzigsten bis zu seinem sechzigsten Lebensjahr. Er habe eben einfach nichts gemacht die ganze Zeit. Er sagte das mit einem elegischen Lächeln, als habe er einen hohen moralischen Anspruch eingelöst, den er von gewöhnlich Sterblichen nicht verlangen könne. Ich schwieg (betroffen!). Normalerweise hätte ich ihn gefragt, ob er sich nicht irgendwann einfach einen anderen Beruf hätte aussuchen können. Aber ich habe jetzt oft das Gefühl, dass normale Fragen besonders dumm ankommen.

Von Opfern geht so viel Schönheit aus, dass die Handvoll Leute, die 1989 die Opferei satt hatten, sich heute wieder der Opferpflege hingeben. Seit Monaten buchstabieren sie in ihren Akten ihre Leiden auseinander und ziehen sie in Talkshows wieder zusammen. Jetzt haben sie angekündigt, die lokalen Aktivitäten beim Aktenlesen und Weitererzählen strategisch bündeln zu wollen. Irgendwas vom alten Gestaltungsfieber scheint noch in ihnen zu stecken. Ein gut funktionierender Verein ist doch auch was, wenn die Gesellschaft sich eben nicht bessern lassen will. Immer öfter teilen sie den Leuten mit, sie sollten sich doch bitte etwas leiser verhalten, man sei mit den Akten beschäftigt. Für einen lichten Moment hatten sie herausgeschrien, das Ende des Parteiensystems sei gekommen, von nun an herrsche Bürgerbewegung. Dann tauchten sie in die Betroffenheitsbibliotheken ab, streng nach dem Gesetz, das die Parteien ihnen geschenkt hatten, und wurden nur noch gelegentlich mit Sätzen gesehen wie »Wir kriegen euch alle!« Ihre Wut auf Dinge, die man nicht mehr ändern kann, bringt ihnen durchweg Sympathien ein.

Die kleine Lehrerin will (hat sie im Radio gesagt) als Betroffenheitstraditionspflegerin durch die Schulen touren. Ich frage sie (um nicht in den Verdacht zu geraten, der Brötchen wegen gekommen zu sein), ob es hier Zeitschriften gebe, zum Beispiel – welch blöder Einfall – den *Spiegel.* »Ja«, sagt sie, »aber nur für Betroffene. Aber auch nicht jede Nummer, nur wenn was über uns drinsteht ...«

Ich wende mich auf der Schwelle um, da sehe ich aus den Augenwinkeln hinten zwischen den Regalen einen Mann in einer Hängematte hängen, ein Pepitahütchen auf dem faltigen Kopf. »Mein lieber Schabowski«, nennt ihn ein Betroffener und schaukelt ihn ein bisschen. Sch. grinst und ruft mir nach: »So weit musst du erstmal kommen, um hier reinzukommen!«

Aber vielleicht habe ich auch nur, betroffen wie ich war, kräftig halluziniert.

MAUEROPFER LACHEN NICHT

Und weil es sich im Kollektiv besser nicht lacht als alleine, haben sie einen Verein gegründet. Eigentlich müsste das ganze Zonenvolk da Mitglied sein (nur Krenz und Schabowski natürlich nicht). Denn wer ist kein Maueropfer?

Damit jedoch die richtigen Opfer unter sich bleiben können und nicht von kichernden Opfern ausgelacht werden, haben sie sich sozusagen ein Lachzölibat gegeben. Wer lacht, ist Täter (das als Warnung)!

In dem Film »Sonnenallee« tanzt junges DDR-Volk vor der Mauer und – wie man's beim Tanzen so macht – es weint nicht, sondern lacht dabei. Das hat den Maueropferverein schwer beleidigt und auf den Klageweg getrieben.

Nun darf man dreimal raten, wer zuständig ist: »Ich verstehe jeden, der selbst betroffen ist, dass ihm das Lachen angesichts der Berliner Mauer vergeht.«

Welch sprachliche und gedankliche Luzidität – das kann nur der Frieder, der Verständnispastor aus Wittenberg sein!

Offenbar steht er dem zentralen ostdeutschen Lach-Sack-Komitee vor, das beschließt, wem wann das Lachen erlaubt ist, nämlich: »Wir müssen vor allem den Jüngeren erlauben, den Schrecken mit den Mitteln des Lachens und der Ironie zu besiegen.«

Und die Älteren? Was macht die Lachbehörde mit den Älteren? Denen hat das Lachen (auch das Grinsen) »angesichts der Berliner Mauer« zu vergehen, obwohl (oder weil?) die nun gar nicht mehr steht. Warum? Zur Strafe! Doch wofür? – Das lässt der Meister offen. Aber so viel ist gewiss: Die »selbst betroffenen« Opfer lachen aus sich heraus nicht. Und die älteren haben es auf Weisung zu unterlassen.

Aber damit kein Hallodri aufkommt: Die Jüngeren sollen natürlich auch nicht reflexhaft, quasi viehisch lachen, sondern sich »mit den Mitteln des Lachens« in den Kampf gegen das Böse einreihen. »Lachen nach vorn« hieß das in der DDR – aber so präzise wie der Frieder hat das nicht einmal Kurt Hager für die staatlichen Kabaretts definiert.

Schorlemmer gehört aber wahrscheinlich noch einem viel höheren Gremium an, dem Politbüro für letzte historische Angelegenheiten. Ihn treibt u.a. die Frage um, »ob wir die DDR am Leben lassen wollen, indem wir den Schmerz am Leben halten«. Lachen oder leben lassen, das ist hier die Frage!

Wenn der Frieder »wir« sagt, meint er wir. Im Leben-oder-Lachen-lassen-Präsidium neben ihm sitzt Freya Klier. Sie hat festgelegt, dass »Sonnenallee« zwar die Erfahrung einer bestimmten Generation »widerspiegelt« (sie kommt nun mal nicht los von der stalinistischen Ästhetik), aber nicht die Wirklichkeit! »Das siehst du falsch, Genosse!«, ruft sie dem Regisseur hinterher.

Und auch der unvermeidliche Richard Schröder ist gutachterlich dabei: In dem Film sei nicht die Behauptung aufgestellt worden, dass an der Mauer nur Schallplatten zerschossen wurden, hat er entdeckt. Hat der noch alle Platten im Schrank? Jede erschossene Schallplatte war bekanntlich eine zu viel!

Fehlt noch einer? Allerdings, CDU-Bürgerrechtler Nooke: Wenn jemand über das Dritte Reich so einen Film drehen würde, das gäbe ein Geschrei, meint er. Chaplins »Der große Diktator« kennt er nicht. Aber dass die DDR quasi Faschismus war, das weiß er immerhin.

Nein, komisch sind die nicht, nur lächerlich. Aber nun erkläre denen einer mal den Unterschied ...!

WER LANG HAT ...

Irgendwann werden uns die Enkel fragen: Warum habt ihr vor vielen, vielen Jahren den lieben kleinen Opi Honecker davongejagt? Tja, werden wir altgewordenen Ossis dann seufzen, das war natürlich dumm von uns – Sellerie!, wie der Franzose sagt.

Und die alten Potsdamer werden noch eins draufseufzen; mit ihrer Vorstadtmentalität eigneten sie sich schon immer besonders zum Klagen. Ihr Seufzer wird lauten: Das war alles nur wegen der Langen Kerls! Die Langen Kerls, des Königs Leibwache, gab es nämlich in der DDR nicht. Opi Honecker mochte die nicht leiden, weil er ihnen nur bis zum Gürtel gereicht hätte. Die Potsdamer Mitläuferschaft hat sie in den letzten Jahren der Zonenherrschaft so sehnlich herbeigewünscht, wie andere Mitläufer andernorts Westgeld und Bananen. Und haben sich mit einigem Geschrei flugs an der sogenannten Revolution beteiligt. Etwa seit der Zeit standen die Langen Kerls in Potsdam rum an jeder annähernd historischen Ecke und guckten ziemlich dumm aus der musealen

Wäsche, gestiefelt und gespornt. Ihre erste große Show hatten die Kerls, als vor Jahren unter Führung des Kanzlers der Geschichte die Restknochen des ollen Preußenkönigs nach Schloss Sorgenlos heimgeholt und dort neben den Gerippen der königlichen Windspiele endgelagert wurden. Da zeigten die Langen Kerls aller Welt, wie man gefälligst einen herrschaftlichen Zwischenkieferknochen über märkisches Land zu tragen hat: In einer Art Storchengang und als hätten sie einen preußischen Gewehrstock verschluckt und mit Gesichtern, die so in Einfalt erstarrt waren, dass nicht einmal ein Mitesser hätte auf ihnen siedeln wollen.

Dann begann ihr Niedergang. Der kommt unweigerlich, wenn komische Figuren sich ernst nehmen. Insofern traten sie redlich die Nachfolge der Genossen vom Wachregiment Felix Edmundowitsch Dzierzynski des MfS an. Als folkloristischer Farbtupfer wurden sie auf jedes Schützenfest gestellt, historische Kleiderständer, die den Kindern vorführten, wie lange ein ausgewachsener Mann völlig sinnlos still auf der Stelle stehen kann, ohne angetackert zu sein. Immer, wo der Ministerpräsident auftauchte, machten sich die Langen Kerls zum Affen und salutierten ihm wie einem Ersatzkönig. Hunde hoben an ihnen das Bein. Schlimmer noch: Zum Schabernack fingen Potsdamer an, Eier und Tomaten – mal frische, mal faule – nach ihnen zu schmeißen und sie mit verbalem Unflat zu belegen. Das sollte die unselige Tradition des preußischen Militarismus besiegen und den Krieg aus der Welt verbannen.

Die Langen Kerls, bekleckert und beschimpft, konnten darüber gar nicht lachen und viel hätte nicht gefehlt, sie hätten das antike Bajonett aufgepflanzt und dann wäre Blut geflossen, aber in echt! Sie stellten dem ganz und gar unnützen Teil der Bevölkerung ein Ultimatum, ihre Wurfgeschosse abzuliefern (»Keine Gewalt!«). Die aber dachte nicht daran. Ja, die Faschingsarmee knüpfte sogar an »die wertvollsten Traditionen des Herbstes '89« an und lud an den sogenannten Runden Tisch. Doch die Pazifisten, militant, wie sie sind, fehlten unentschuldigt und ohne ärztliches Attest.

Nun sitzen die Langen Kerls – im normalen Leben akzelerierte Bäcker, Softwarehändler, Polizist, Besamer oder Arbeitsloser – zu Hause in ihren königlichen Unterhosen und sind beleidigt. In ganzer historischer Größe. Nach dem Motto: Wer lang hat, kann lang hängen lassen. Keiner von ihnen will mehr den Hampelmann machen als lebender Werbeträger für die Potsdamer Gewerbetreibenden. Die sind besorgt und empört in einem heißen Atem. Von überall aus der Potsdamer Bürgerschaft treffen Durchhalteappelle und Spenden zum Ersatz der durch die Eier versauten Uniformteile an der Bürgerkriegsfront ein. Um »Nachwuchs« für die Kerls zu finden, überlegt man sogar, das heilige Größenlimit um fünf Zentimeter zu reduzieren. Wenn das der König wüsste!

Am dritten Oktober, dem Tag der Einheit aller Deutschen guten Willens, wollen es die Langen Kerls noch einmal mit dem undankbaren Bevölkerungsteil versuchen. Aber wehe, wenn da auch nur ein schiefes Wort fällt. Dann wird vollständig demilitarisiert. Und dann ist Preußen, wie einst die DDR, nur noch eine Fußnote in der Weltgeschichte.

Aber vorher wählt sich das Nest einen neuen Bürgermeister, und zwar den Helden der Oderflut, den smarten Platzeck. Mit Bedacht: Insgeheim rechnet die Bürgerschaft wohl doch damit, über kurz oder lang vom Schicksal zugeschissen zu werden.

DASS MAN MICH NICHT FÜR KALT HÄLT

Heute darf ich mir auch einmal Sorgen machen, nicht wahr! Ich komme aus Zuständen, in denen das Sich-Sorgen-Machen Bürgerpflicht war, obwohl man dieselben eigentlich nicht hatte. Es ist noch keine zehn Jahre her, da sorgte ich mich speziell um die Erhaltung des Weltfriedens und um das Gelingen der Frühjahrsbestellung. Das muss man auch erst mal lernen, sich über Dinge den Kopp zu zermartern, die einen nichts angehen! Dr. Sorge – Richard, der Meisterspion – war mein Vorbild.

Sorgenmachen habe ich mir im Umerziehungslager mühsam abtrainiert. Heute mache ich mir keine Sorgen mehr um gar nichts. Speziell um die Menschheit nicht. Sie ist mir so fern wie – sagen wir – Schwedt, wo ich nie war, aber auch nie hin möchte. Im *Neuen Deutschland* gibt es manchmal so eine Sonntagsfrage an gute Menschen: »Was trauen Sie der Menschheit nicht mehr zu?« Die antworten alle so, als würde die Menschheit das bestimmt lesen und sich sagen: Jetzt werden wir den aber mal überraschen!

Obwohl ich nie nach so was gefragt werde, habe ich lange überlegt, worüber ich mir auch einmal Sorgen machen könnte. Ich möchte nicht, dass man mich für kalt hält. Es muss eine Sorge sein, die sich nicht jeder Sack auch machen kann. Also zum Beispiel sich »um den Zustand der Linken in Deutschland« zu sorgen wäre mir zu ordinär. Und es darf auch zu nichts verpflichten.

Ich glaube, ich sorge mich »um das Verschwinden alter Kulturtechniken«. Da kann wohl jeder zustimmen, denn »Kultur« ist prima, »alt« ist sehr gut und »Technik« – tja, wer könnte darauf verzichten? Am besten aber ist »Verschwinden«. Man sieht und hört sie förmlich in den Badewannenabfluss strudeln und gurgeln, die alten Kulturtechniken. Man will noch rasch zufassen – aber vorbei. Wer hat denn den Stöpsel gezogen? Niemand Genaues, eher so was wie der »Zeitgeist« oder die »atemberaubend rasante Entwicklung«.

Das ist das Schöne an der Sorge um das Verschwinden alter Kulturtechniken.

Wer kann – eine sehr alte, verschwindende Kulturtechnik – heute noch freihändig auf einem Donnerbalken sch... (die Pünktchen hat der Autor selbst gewählt)? Und wer will das noch können? Wer kann noch – wie Mutter Wolfen im »Biberpelz« – seine Katze schlachten, auffressen, das Fett auslassen und daraus eine Salbe gegen Hexenschuss rühren? Wer kann noch Esperanto, wer noch im Stehen gebären? Wer kann noch Socken stopfen? Na, und so weiter.

Seit ein paar Tagen ist nun auch noch das Morsen verschwunden! »Stellen Sie sich vor, es gäbe eine Weltregierung ...«, ist auch so eine Sonntagsfrage im ND. Offensichtlich gibt es eine! Das Morsen ist mit dem 1. Februar weltweit abgeschafft worden. Exakt 162 Jahre, nachdem Samuel Finley Breese den ersten Morseapparat erfunden hat. Morsen ist jetzt zwar nicht direkt verboten – aber es gilt als unanständig. SOS sollen die Kapitäne aller künftig untergehenden Schiffe jetzt durchs Internet rufen. Denkt niemand daran, wie brachial hier Biografien entwertet, Identitäten gebrochen werden – und nicht nur ostdeutsche diesmal. Hunderttausende Knaben sind zum Manne gereift, weil sie für die Weltkriege Morsen lernten. Manche haben nichts hinzulernen müssen und sind doch berühmte Schriftsteller, Mauerschützen und Brauchtumssänger geworden. Ich sehe ihn noch vor mir, Dr. Sorge, wie er aus Tokio funkt! Geheim natürlich. Und doch, das Morsealphabet war der erste Multikulti-Slang. Und was tut man den Strafgefangenen an? Klopfzeichen in der Nacht, ein zart geknöcheltes »Hast du shit?« am Heizungsrohr – sind sie nicht die einzige Hoffnung, die uns bleibt?

Die Natur hat ungewöhnlich spontan auf das Verschwinden dieser alten Kulturtechnik reagiert – und direkt, wie es ihre Art ist. In der Sächsischen Schweiz wurden Spechte beobachtet, die bisher mit Rücksicht auf Minderjährige und Frauen zurückhaltend mit ihren daktylografischen Äußerungen gewesen waren. Bordfunker aus dem Zweiten Weltkrieg hörten jetzt bei ihrer traditionellen Neujahrswanderung Signale aus einer Spechtkolonie, wie »Fick dich ins Knie, du alte Wachtel!« oder »Ich färb dir gleich die Eier grün, du geiler Hahn!« Offensichtlich gehen die Vögel davon aus, dass sie nunmehr niemand mehr versteht. Die Weltorganisation der Funker und Morser (WFM) mit Sitz in Morsleben bei Helmstedt hat deshalb die UNO gebeten, die Entscheidung zur Abschaffung des Morsens noch einmal zu überprüfen.

Und wenn mich einer fragt: Ich unterstütze das.

ICH GEBE NICHTS

Die Woche war schrecklich, und jetzt kommt eine schreckliche neue. Ich bin erleichtert. Und ich bin beschämt.

Seitdem bekannt war, dass Helmut Kohl überall im Lande Spender presst, kriegte ich schon beim Anblick meines Telefons Kniesausen und weiche Ohren. Wenn es schellte und meine Frau ging ran, machte ich ihr hektisch Zeichen. Sollte heißen: Bin in Alaska, auf dem Klo oder habe mich gerade aufgehängt.

Na, logisch bin ich bei der CDU als besserverdienender Autor bekannt. Meine freiheitlich demokratische Grundordnung spricht aus jeder meiner Zeilen. Ich bin so konservativ, tiefer geht es nicht. Bestimmt hat Helmut Kohl in seiner Geldnot längst zu seinem Vorzimmerdrachen, der Juliane, gesagt: Juliane, warum rufst du net mal den spendablen Herrn Wedel an.

Für diesen E-Fall hatte ich mir schon einiges zurechtgelegt. Dass ich seine Lebensleistung bewundere, würde ich ihm durch die Muschel hauchen (das ist gewissermaßen heutzutage ein Muss, wenn man mit und über Helmut Kohl spricht; und ein Ostler sollte zudem die Vokabel »tiefe Dankbarkeit« mit unterbringen). Aber dass ich dummerweise mein ganzes Bimbes gerade in Vodafonaktien angelegt hätte, würde ich ihm sagen. Aber einen Präsentkorb könnte ich ihm packen, mit Spezialitäten aus der Region, blauer Würger und so.

Wer jemals mit dem Altkanzler telefoniert hat, weiß, dass der sich nicht einfach aufhängen lässt. Er greift auch zum Letzten und droht mit Tränen durch die Muschel. Ja, dann hätte ich ihm was geben müssen. Ich dachte so an fünf Mark.

Als die Liste der besten Deutschen in der Zeitung stand, schämte ich mich. Nein, nicht weil ich neben Leo Kirchs Spenden-Millionen und selbst noch neben Uschi Glas' 10000 Eiern ausgesprochen schäbig ausgesehen hätte. Ich schämte mich für meinen Stamm: Kein Spender aus dem Osten! Nicht mal Lippi oder Gunter Emmerlich oder Stefanie Hertel oder ... Dass Gysi ihm nichts geben würde – na, was will man von Gysi schon erwarten. Rühmenswert menschlich verhalten sich nur Vera Lengsfeld und Arnold Vaatz, die dazu aufgerufen haben, ihrem Übervater wenigstens einen hübschen 70. Geburtstag zu bereiten, mit Sackhüpfen, Topfschlagen und Eierlauf.

Hätten nicht gerade wir Ossis ein Zeichen der Liebe und Dankbarkeit setzen müssen? Hat uns Helmut Kohl nicht die Fruchtzwerge, das Ehegattensplitting und den Anschluss an die westdeutsche Rentenversicherung gebracht?

Aber vielleicht mache ich mir auch ganz umsonst Gedanken, vielleicht erwartet er überhaupt nichts von uns. Er hat doch gesehen, wie wir mit dem Honecker umgesprungen sind. So gesehen, wird er sich sagen, geht's mir mit den Ossis noch prima!

DEM LAND ZULIEBE

Diese ständige Anspannung! Abends geht man mit der Frage zu Bette: »Wird denn alles gut gehen mit Deutschland?« Des Nachts schreckt man schweißgebadet auf. »Hast du schlecht geträumt, Liebling?« fragt die Person, die neben mir liegt – »du musst keine Angst haben. Der Kanzler wird bestimmt auch morgen wieder sein Bestes geben, um den Wirtschaftsstandort Deutschland fit zu machen fürs 21. Jahrhundert.« Früher, ja früher, da hat man sich im Bett noch sorglos für die Liebe verausgabt – Liebe in Zeiten der Kohl-Ära. Das ist vorbei.

Die Leute im Dorf gehen mit verdunkelten Gesichtern einher. Ein schlechtes Zeichen, doch wofür? Ist es wegen Möllemann? Sind es die Benzin- und Bierpreise? Machen sie sich Sorgen um die PDS? Klopfen schon die Inder an die Hoftore? Oder steht ihnen die Angst um den Euro ins Gesicht geschrieben?

Gestern habe ich entdeckt, was sie grämlich macht: Die

gemeine Blattlaus ist eingetroffen. Und zwar nicht zwei, drei, mit denen Trittin vielleicht noch reden könnte – Nein, Milliarden. Irgendwie kamen sie wohl ohne Greencard durch eine Gesetzeslücke. »Hör mir auf mit deinen Indern«, sagt der Nachbar, obwohl man selbstverständlich niemals – und auch nicht/resp. schon gar nicht im Scherz! – Inder und Blattläuse in einem Atemzug auch nur denken dürfte! Aber mach was, so ist das Leben.

Ich hätte die Läuse gar nicht entdeckt, obwohl sie wie Mohndolden am Kirschbaum hängen. Mein Gartenkalender hat mich sozusagen mit der Nase auf sie gestoßen. Für heute, Dienstag, ruft er mir freudig erregt zu, als hätte Deutschland den Grand Prix der Volksmusik gewonnen: »Die gemeine Blattlaus ist da!«

Eine Aufgabe! Eine Herausforderung, wie man im Deutsch der »Deutschland, ich mach dich fit«-Macher sagt. Die Herausforderung für heute ist einfach: »Von der dritten oberen Blattspreize an müssen Sie die Blattläuse ablesen.« Nicht mit den Augen – mit der Hand! Und heute und jetzt. Wichtige Dinge für Deutschland müssen sofort getan werden. Denn ab morgen schon setzen die Blattläuse eine eklige, stinkende schlierige Flüssigkeit frei, die uns den Schimmel in die Kirschen holt. Ab morgen um sechs, ihr Gewerkschaftsärsche – Blattläuse kennen keine 35-Stunden Woche!

Alternativ kann man die Blattlaus freilich auch durch die Schwebfliege bekämpfen. Aber woher jetzt so rasch die Schwebfliege nehmen?

Die Leute im Dorf haben Zeitung gelesen. Das Wetter war zu schön. Deutschland war zu sorglos und nur mit dem Dax befasst: Nach den Blattläusen, orakeln die Zeitungen, werden die Gespinstmotten kommen, der Blattspringer und der Eichenprozessionsspringer. Und bei so vielen Feinden will der Weizsäcker die Wehrpflicht abschaffen?

Wenn ich heute abend mit einem Eimer voller Blattläuse vom Kirschbaum steige, sieht die Welt allerdings um keinen Deut besser aus. Für morgen prophezeit mein Gartenkalender nämlich: »An den Rändern von Rosenblättern tauchen runde Löcher auf. Das ist die Blattschneiderwespe.«

Es ist viel zu tun. Packen wir's an!

BEI KOHL WAR AUCH NICHT ALLES SCHLECHT ...

Zumindest wurde keine Begeisterung verlangt, musste man sich nicht schluchzend in den Armen liegen und wie der durchgeknallte Trittin im Veitstanz um einen Tisch herumhüppen und brüllen »Jetzt regieren wir!« Man musste auch nicht überall herumschwadronieren, dass jetzt der böse Fluch von den guten 68-ern genommen worden sei, seit Fischer mit nach Kriegsschauplätzen sucht. Man musste nicht über die Nacht der veränderten Realitäten die Kleider wechseln, sondern konnte 16 Jahre lang als Altlinker herumschlurfen und nach Selbstgedrehten stinken. Man musste auch nicht der Mutti und den Kinderchen vor jeder Suppe zurufen, dass jetzt zwar nicht alles anders, aber vieles besser werde. Überhaupt war es recht bequem damals, dass man nicht vom *Spiegel* kontrolliert wurde, ob man beim Anblick des Kanzlers auch ja eine Erektion bekam.

Heute indes kriegt man es mit dem Feuilleton zu tun, wenn man sich nicht vor Entzücken auf den Rücken legt oder wie Patrick Lindner »I frröi mi!« ruft. Dann wird vorgerechnet: »Schröder redet zum achten Jahrestag der deutschen Einheit mit erstaunlich angenehmem Timbre.« Mit erstaunlich angenehmem Timbre! Nur die Biertischdenker staunen nicht und verdösen die Stunde, in der Schröder zu unwahrscheinlich gut klingt, über ihren deliranten Schwundformen. Und dann verpassen sie auch noch einen musikhistorischen Augenblick mit Flugversuch: »Abends hebt er (der designierte Kanzler, man denke!) Klaus Meine, den Sänger der Rockgruppe ›Scorpions‹, vor lauter Begeisterung über den musikhistorischen Augenblick für ein paar Sekunden (!!) in die Luft. So etwas hätte Kohl nie über sich gebracht.« Nein, an dem Typen hätte sich Kohl nicht dreckig gemacht.

Es ist wohl wahr: »Irgendwie ein Kulturbruch« hat stattgefunden. Die Windbeutel »Scorpions« machen jetzt musikhistorische Augenblicke. Und der Kanzler tanzt dazu den Ententanz und ruft in die Kulisse, »Doris, nun freu dich doch mal!«

Noch nie, seit ich die BRD von nahem sehe, war so viel Belehrung von oben im Schwange, »was guter demokratischer Brauch ist«, »wie ein guter Demokrat« handelt, dass »Demokratie nicht leicht« sei – pipapo. Das ist hart für unsereins, der aus der Kälte kam. Doch ich strenge mich an zu bemerken, wann Schröder ein erstaunlich angenehmes Timbre hat. Natürlich hoffe ich nicht, dafür vom *Spiegel* belobigt zu werden. Dass er mich nicht »Ulbrichts letzte Schranze« ruft, würde mir schon reichen.

INHALT

Lieber Leser 5
Wenn Wickert stirbt 7
Jetzt wacht die Linke auf 10
Das Leben kann so leicht sein 13
Kleine Türken basteln nicht 15
Feucht bleiben 17
Gut, dass wir verglichen haben 20
Wie wir immer sein wollten 22
Angekommen 25
Keine Entschuldigung 28
Bomben auf den Lerchenberg 31
Die unbesiegliche Inschrift 34
Höhepunkte in Mitte 36
Schon ein ziemliches Schwein 43
Das Ehrenamt 46
Ab ins Bioloch 53
Herausragend sozusagen 55
Leere in der Spalte 57
Mit Gauck formuliert 60
Bleibt, was ihr seid! 63
Der Hängebodenkanzler 65
Das Zeichen Thierse 69
Lieber Herr Pfarrer 72
Allerleirau 75
Aber Kult ist es nicht 78
Auch keine Lösung 81
Kein Ort für Trinker 84
Es hagelt Jubiläen 87
Es blinkt ein einsam Segel 89
Schlagt uns, bis wir lachen 98

Sozialismus, warum auch immer 100
Nachfolgevolk ohne Räson 103
Ostobjekt in Fleischerhemd verschwunden 106
Jetzt spreche ich 109
Was Carsten erzählt 112
Auch wenn er zuckt 114
Der menschliche Faktor 116
Generation 119
Das ertragen wir nicht 122
Denken in Deutschland 124
Angst 127
Was haben wir falsch gemacht 129
Ostler im Kommen 132
Denn sie wissen nicht, was sie tun sollen 134
Por No 136
Mythos in Weimar 138
Nur für Opfer 141
Maueropfer lachen nicht 144
Wer lang hat 146
Dass man mich nicht für kalt hält 149
Ich gebe nichts 151
Dem Land zuliebe 153
Bei Kohl war auch nicht alles schlecht 155

Mathias Wedel
MAMA, WAS IST EIN WESSI?

Die deutschen Bürger westdeutscher Herkunft leisten bekanntlich Immenses für unseren Wirtschaftsstandort Deutschland und bei der immer schöneren Ausgestaltung unserer Wiedervereinigung. Sie sind tüchtig im Stress und können natürlich Bücher nicht Wort für Wort lesen. Deshalb hier eine Zusammenfassung, die man leicht lernen und als Beweis, dass man den Text gelesen hat, jederzeit zitieren kann:
Der Wessi im Osten ist nicht arbeitslos. Ein Angehöriger eines edlen Volkes wie seins kommt nie runter, nur hoch. Er arbeitet an der Frau sehr konzentriert hintereinander weg. An seinem derzeitigen Kanzler interessiert ihn vor allem, ob dessen Haare gefärbt sind. Er heizt nie über 18 Grad. Nur Österreich tastet er nicht an. Die Hinterfrage hat der Wessi ganz allein erfunden. In jedem Wessi steckt ein Schröder. Den Wessi zu betrügen ist leicht. Er ist einfach gestrickt: 60 % Imponiergehabe und 40 % Wasser. Krieg hebt beim Wessi unwahrscheinlich die Stimmung. Im Prinzip besteht er aus Migräne.

ACHTUNG! Beim Kauf eines Exemplars »Mama, was ist ein Wessi?« gibt es das Buch »Papa, was ist ein Ossi?« von Thomas Wieczorek gratis dazu!

Eulenspiegel Verlag

Mathias Wedel
IHRE DOKUMENTE BITTE!

»›Ihre Dokumente bitte!‹ donnerte es vor dem Fall der Mauer in jedem Reichsbahnzug, der sich langsam dem Grenzgebiet zum Westen näherte. DDR-Bürger hatten sich daran gewöhnt und ihre Dokumente parat. Und davon hatten sie gleich haufenweise. ›Die DDR hatte einen weltgeschichtlich einmaligen Organisationsgrad ihrer Bevölkerung erreicht. Manchmal wusste der Einzelne gar nicht mehr, wo er überall Mitglied war‹, berichtet der Erfurter Satiriker Mathias Wedel in seinem Buch ›Ihre Dokumente bitte! – Geschichten von tausendundeinem Ausweis‹. Das ›erste und ultimative Kompendium der Ausweiskultur der DDR‹ vereint nun fast alle DDR-Ausweise auf 160 vierfarbigen Seiten. Damit liegt ein Standardwerk vor, dessen Beitrag zur Vergangenheitsbewältigung nach Angaben des Eulenspiegel Verlags unschätzbar ist. Wedel hat die Sammlung kommentiert und die Geschichte einer Familie Greiner aus Schmalkalden dazu erzählt ... Das Buch ist dank ergänzender Hinweise auch für Leser aus den alten Bundesländern geeignet.«

Rezension im Nordkurier

160 Seiten, farbig, fest gebunden, 24,80 DM
ISBN 3-359-00904-5

Eulenspiegel Verlag